I0154556

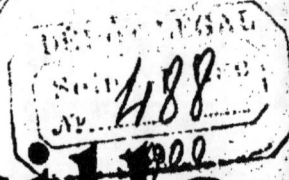

N° 488

Arnouville

MONOGRAPHIE

par

CORMEROIS

INSTITUTEUR

1900

MONOGRAPHIE

COMMUNE D'ARNOUVILLE

PAR

CORMEROIS
Instituteur

1900

MONOGRAPHIE

Commune d'Arnouville

PARTIE GÉOGRAPHIQUE

La commune d'Arnouville-lès-Mantes fait partie de l'arrondissement de Mantes; c'est une des 23 communes du canton de Mantes. Elle est située à 36'30" à l'ouest du méridien de Paris. Elle est à 10 kilomètres au sud de Mantes.

Elle est limitée au nord par les communes de Breuil-Bois-Robert, de Guerville et de Boinville, à l'est par celles de Goussonville et d'Hargeville, au sud par celles de Saint-Martin-des-Champs et de Septeuil, à l'ouest par celles de Rosay et de Villette.

Superficie du territoire

L'étendue de son territoire est de 979 hectares 33 ares. Mais il y a lieu de supposer que l'étendue de l'ancienne paroisse, était plus considérable, puisque d'après la tradition, une ferme aujourd'hui détruite, la ferme du Buisson, appartenait au seigneur de Binanville. A une époque qu'il a été impossible de connaître, une épidémie ayant éclaté parmi le personnel, le curé d'Arnouville refusa de porter les secours de la religion, tandis que celui d'Hargeville ne craignit pas d'aller secourir les malheureux, et de donner la sépulture aux trépassés. Pour prix de son dévouement, le seigneur donna à la paroisse d'Hargeville toute l'étendue des terres de la ferme.

Tout le territoire fait partie d'une vaste plaine d'une altitude moyenne de 125 mètres, qui s'étend de l'ouest à l'est entre la Vaucouleurs et la Mauldre, sur une longueur de 11 kilomètres.

Le sol est à peu près plat et uni, et ne présente que quelques dépressions légères. Il est d'une culture facile car toutes les parties sont facilement accessibles, les charrois se font sans difficulté. Le sol arable est en général très fertile, car la chaux, la silice et l'argile s'y trouvent dans des proportions convenables presque partout. Dans la partie ouest, plus accidentée, le calcaire domine, ce qui rend le terrain propre à la culture de la vigne. Cette culture, autrefois très prospère, est aujourd'hui délaissée par la génération actuelle. Jadis les 26 hectares de vigne produisaient du vin pour la consommation. Aujourd'hui 2 hectares 60 ares seulement sont plantés en vigne. La partie sud se relève et forme une bordure de bois, le terrain y est pauvre sablonneux et peu fertile; c'est le coteau de Souville.

Le climat est en général plutôt froid, les récoltes sont tardives. Les eaux pluviales n'ayant pas un écoulement facile, le sol arable étant très profond, bien que le soussol y soit assez perméable, les céréales versent dans les années humides. Au contraire, les années sèches donnent un meilleur rendement en céréales et en foin.

Hydrographie

Aucun cours d'eau important n'arrose le territoire d'Arnouville. Les petits ruisseaux qui servent à l'écoulement des eaux pluviales portent le nom de *rubeilles*.

La rubeille de Petlance, la plus importante, prend naissance sous les hauteurs de Souville, et creuse à l'ouest du territoire un profond ravin boisé avant d'aller se jeter dans la Vaucouleurs au hameau de Leuze, commune de Villette.

Plusieurs autres rubeilles prennent naissance dans la plaine d'Arnouville et vont porter les eaux pluviales dans le ruisseau de Goussonville, tributaire lui-même du rû de Senneville,

Plusieurs mares dans le village servent d'abreuvoirs au nombreux bétail, et quelques-unes servent de lavoirs primitifs: dans tous les cas ces mares ne contiennent qu'une eau bourbeuse souvent impropre à tout usage domestique.

Comme tous les pays de plaine, Arnouville est déshérité sous le rapport de l'eau. Aucune eau potable que celle de quelques citernes particulières. Par contre il existe un grand nombre de puits rarement taris, même au temps de sécheresse. L'eau qui s'y trouve à une profondeur moyenne de 6 ou 7 mèt. au plus, est dure, renferme en grande proportion du carbonate de chaux. Il n'existe aucun lavoir proprement dit, et les ménagères sont obligées d'aller laver leurs lessives à 4 kilomètres, à Leuze.

Plusieurs tentatives ont été faites par la Municipalité pour établir un service d'eau, mais toutes les bonnes volontés ont reculé devant la dépense énorme que nécessiterait un pareil travail.

Population

La commune a une population de 472 habitants ; mais ce chiffre était autrefois bien plus élevé, et il va diminuant avec régularité et une rapidité inquiétante pour l'avenir du pays.

Voici la marche décroissante de la population dans le cours du XIX° siècle :

Dates	Habitants	Maisons	Ménages	Dates	Habitants	Maisons	Ménages
1802	646	»	»	1866	586	170	185
1831	642	»	»	1871	»	»	»
1836	660	»	»	1876	»	»	»
1841	635	»	»	1881	521	162	177
1846	635	213	216	1886	529	153	177
1851	634	»	»	1891	510	162	166
1856	605	190	215	1896	472	160	161
1861	603	187	193				

Au XIII° siècle, la paroisse Saint-Aignan d'Arnouville renfermait 160 chefs de famille. (*Original de l'abbaye de Neauphle-le-Vieux, archives d'Eure-et-Loir*). C'est le même chiffre qu'aujourd'hui.

D'après les actes de l'état-civil, il y a eu :

De 1605 à 1615......   240 naissances.
De 1700 à 1710......   219   id.
De 1800 à 1810......   140   id.
De 1883 à 1893......   130   id.

Si le rapport entre le chiffre de la population et celui de la natalité est constant, on pourrait attribuer à la paroisse d'Arnouville une population

de 1100 habitants environ vers 1600,
de 1000 habitants environ vers 1700.

Dans l'espace de trois siècles la population est réduite de moitié.

Le hameau de Saint-Léonard est situé à 2 kilomètres du village sur la limite d'Hargeville; une partie appartient à cette commune.

Avant 1830 il y avait le hameau de Binanville, aujourd'hui détruit, comprenant une grande ferme et une petite située en face de la porte d'Arnouville.

Statistique de 1701 à 1710. État-civil :

De 1701 à 1710 il y a eu
Naissances : 219. — Décès : 149. — Mariages : 33.
Sur les 149 personnes décédées :
94 avaient moins de 3 ans, dont 21 nourrissons;
35 avaient plus 60 ans.

Sur les 60 époux, 22 ont signé au registre, soit deux tiers illettrés :

Dont 28 épouses illettrées et 16 époux illettrés.

De 1801 à 1810, sur 140 personnes décédées, 51 avaient moins de 3 ans.

Sur 48 époux, 14 ne savent pas signer.
Sur 48 épouses, 29 ne savent pas signer.
Soit un peu moins de la moitié illettrés.

En 1789, François Val d'Arnouville est meneur de nourrices pour le bureau de Versailles. C'est pourquoi il y avait tant de nourrissons dans la localité. Beaucoup mourraient par le manque de soins hygiéniques.

En 1747, pendant les mois de juin et de juillet, une épidémie a fait 27 victimes. La mortalité était tellement effrayante, la population tellement consternée que Jean Lévesque et Madeleine Prudhomme allèrent se marier à Villette.

VOIES DE COMMUNICATION

Le villlage d'Arnouville est placé à 11 kilomètres de la gare de Mantes, et à 12 kilomètres de celle de Tacoignières; il est donc à peu près à égale distance des lignes du Havre et de Granville. Deux chemins vicinaux de grande communication le relient: le n° 65 à Mantes et à Hargeville, le n° 130 à Épône et Goussonville d'une part et à Saint-Martin-des-Champs de l'autre.

Il est relié en outre aux villages voisins par quatre chemins vicinaux ordinaires. Toutes ces routes sont fort bien entretenues par une administration intelligente.

Trente kilomètres de chemins ruraux récemment reconnus donnent accès à toutes les parties du territoire.

D'ailleurs la commune consacre chaque année plus de 3.000 francs à l'entretien de toutes ces voies. Toutes les rues traversant le village sont pourvues de trottoirs et de caniveaux de chaque côté. Sous ce rapport c'est une commune des mieux dotées grâce à ses propres sacrifices.

La population ne réclame pas d'autres moyens de communication, car tout habitant étant cultivateur est pourvu de chevaux et de véhicules.

Historique des chemins

C'est le 18 fructidor, an XI, que pour la première fois le Conseil s'occupe de l'établissement et de l'entretien des chemins vicinaux au moyen des prestations en nature.

Le Conseil décide que les propriétaires devront fournir pour chaque cheval de trait 60 pieds cubes de pierres et pour chaque cheval de somme 30 pieds cubes rendus sur les lieux désignés.

En l'an XIV (1806), sur l'invitation du Préfet, le Conseil dresse un état des chemins vicinaux (c'est ainsi qu'on désignait tous les chemins y compris les chemins ruraux).

Cet état comprend 20 chemins d'une longueur totale de 55 kilomètres 522, dont les largeurs variaient entre 5 mètres, 4 mètres et 3 mètres.

Le 15 mai 1817, le Conseil fixe ainsi le tarif des prestations en nature :

Par cheval de voiture.. 100 pieds cubes de pierres.
Par cheval de trait..... 50 id.
Par cheval de somme.. 25 id.

Ou 12 francs par 100 pieds cubes pour celui qui refuserait de faire les fournitures.

Le 8 décembre 1817, le Sous-Préfet de Mantes invite le Conseil à s'engager à fournir 150 mètres de cailloux et 140 mètres de terrasse sur le chemin n° 46 sur le territoire de Mantes-la-Ville.

Le Conseil refuse, prétextant que ses propres chemins ont un extrême besoin de réparations et d'entretien et que ce n'est qu'à grand peine malgré des sacrifices énormes, que la commune parvient à maintenir ces chemins dans un état à peu près praticable, en y employant 280 mètres de cailloux.

Le 1er mai 1818, le Conseil décide de dresser une liste de tous les habitants, les indigents exceptés, qui devront fournir les matériaux pour l'entretien des chemins. Il maintient le tarif de l'année précédente pour les chevaux et pour chaque habitant n'ayant pas de cheval, la fourniture de deux journées de travail; la journée est fixée à 1 fr. 50.

15 mai 1824. — Liste des chemins susceptibles d'être aménagés :

1	chemin de Mantes, sur une longueur de		150	m.
2	id.	Boinville,	id.	200
3	id.	Goussonville,	id.	400
4	id.	Maule,	id.	500
5	id.	Hargeville,	id.	300
6	id.	Elleville,	id.	350
7	id.	St-Léonard,	id.	300
8	id.	Septeuil,	id.	500
9	id.	Villette,	id.	600
10	id.	Binanville,	id.	600
		Total	4.500	m.

Pour la restauration de ces chemins, le Conseil fera ramasser 1800 mètres de pierres et les fera transporter sur les chemins à raison de 30 sols par mètre.

Enfin le 2 mai 1825, l'impôt des prestations est établi d'une manière régulière et permanente.

Cet impôt est fixé pour les chefs de famille, leurs fils et domestiques valides âgés de 20 ans. Pour leurs chevaux et charrettes à deux journées de travail payables en argent ou en nature.

Le prix de la journée est fixé :

Pour les hommes à 1 fr. 75, pour les chevaux à 4 fr.

La commune compte 190 hommes valides âgés de 20 ans, à deux journées, font 380 journées à 1 fr. 75 ... 665 fr. et 106 chevaux à deux journées font 212 journées à 4 francs ... 848 fr.

Total des prestations en argent .. 1.513 fr.

Laquelle somme est portée au budget de 1826 sous un chapitre spécial.

Dans la même séance le Conseil décide de commencer l'aménagement du chemin de Mantes à Montfort, traversant la commune.

Comme l'impôt des prestations est loin de suffire à la dépense, il vote cinq centimes additionnels extraordinaires qui produiront 121 fr. 04.

Pour l'année 1827, les prestations fournissent 1568 fr. La dépense sera faite sur le chemin de Villette.

Un impôt extraordinaire de cinq centimes est également ment voté en exécution de l'article 4 de la loi du 28 juillet 1824.

ETAT DES CHEMINS COMMUNAUX

Nᵒˢ	NOMS	DESIGNATION	Long.	Larg.
1	Mantes....	de Mantes allant à St-Léonard à la r. nᵒ 24	5.410ᵐ	6ᵐ
2	Villette ...	de Villette à Jumeauville et Hargeville ...	3.050	6
3	Maule	d'Arnouville à Maule par Jumeauville	700	6
4	St-Martin..	de Binanville, chemin Rouge, à la r. nᵒ 24	4.500	5
5	Boinville ..	de Boinville à Elleville, par Beuron	1.780	5
6	Goussonville	de Goussonville à Rosay des Près en Paradis	3.620	6
7	Binanville .	d'Arnouville à Binanville, bois des Marceaux	2.760	4
8	Vert	d'Arnouville à Villette, rue Roseland.....	1.900	4
9	Heurteloup.	d'Arnouville à Heurteloup, ruelle Jotru ...	2.400	4
10	Rosay	de Rosay à Hargeville, par St-Léonard ...	2.250	4
11	Souville...	de la chapelle de St-Quentin à Septeuil...	1.380	4
12	Graviers...	d'Arnouville à Petitelance, ruelle Jotru....	1.750	3
13	Poulaillers.	du chemin de St-Léonard au chemin Rouge	440	4

Après enquête, le tableau ci-dessus, a été soumis à l'approbation du Préfet, le 2 avril 1827.

Dans chacune des délibérations, il est toujours dit que les chemins sont dans un tel état qu'ils sont impraticables.

En 1828, le besoin d'améliorer les chemins se faisant sentir de plus en plus, le Conseil, outre les hommes et les chevaux, impose les charrettes à deux journées de 4 francs chacune. Il y a 26 charrettes et demie à deux journées : 53 journées à 4 fr. — 212 francs. Il s'impose pour six centimes additionnels extraordinaires. Les prestations en nature sont évaluées à 1.032 fr. 50.

Le 11 novembre 1838, le Conseil dresse un état supplémentaire des chemins d'une importance moindre. Cet état contient 11 chemins d'une largeur variant de 2 à 3 mètres.

Pour l'année 1846, la dépense pour les chemins vicinaux est fixée ainsi :

Prestations et cinq centimes — 1700 fr. 98.

Le 23 août 1846, le Conseil décide de procéder au bornage des chemins vicinaux d'après l'état homologué qui a été dressé le 20 février 1827.

Le 4 janvier 1847, le Conseil prend connaissance d'une lettre de M. le Préfet faisant connaître qu'une somme de 4 millions est mise à la disposition du ministre de l'Intérieur pour faciliter aux communes le moyen de procurer du travail aux indigents.

Le Conseil vote de son côté une somme de 100 francs pour travaux d'alignement et de terrassement sur le chemin de Villette.

Douze indigents bénéficieront de ces secours, la journée sera payée 1 fr. 75.

Le 28 mars 1847, de nouveaux travaux sont décidés sur les chemins de Villette et de Boinville à Elleville. La journée ne sera plus que de 1 fr. 50. Les indigents seuls seront occupés.

Mai 1847. Le nombre des journées dûes par les prestataires est fixé à trois.

Les travaux seront faits sur les chemins, savoir :

Chemin n° 1 de Villette à Arnouville   972 fr.
     id.   d'Elleville à Boinville ..   491 fr.
     id.   d'Arnouville à Maule ..   491 fr.

Février 1848. Le premier cantonnier dont il est fait mention est le sieur Gillet qui démissionne et est remplacé par Larcher Jacques, avec un traitement de 350 francs.

Toutes les ressources provenant des prestations seront employées en 1849 sur toutes les rues du village.

Le 8 octobre 1848, le Conseil vote une imposition de trois centimes extraordinaires pour améliorer les chemins et procurer de l'ouvrage aux indigents en 1849.

La somme produite sera employée à des travaux sur le chemin de Villette.

Le 16 février 1849, le Conseil approuve un projet de tarif de conversion en tâches des prestations en nature, présenté par l'agent-voyer. Ce tarif est encore en vigueur aujourd'hui.

Le 7 octobre 1849, l'élargissement et le bornage du chemin de Boinville sont décidés.

En mai 1850, des travaux de réparation des rues sont décidés. La grande rue est pourvue de caniveaux faits avec des pavés provenant de l'allée allant de la route de Mantes au château de Binanville.

En février 1852, une somme de 600 francs et une journée de prestation supplémentaire sont employés à des travaux d'aménagement du chemin de St-Léonard.

En novembre 1852, une somme de 474 francs est employée à l'élargissement du chemin de Maule.

En janvier 1853, le chemin de Mantes à Hargeville est classé dans la grande vicinalité, sous le n° 65.

Le 18 décembre 1853, le chemin de Goussonville, à l'entrée du village, est amélioré pour donner de l'ouvrage aux gens nécessiteux à cause de la cherté des vivres.

ÉTAT DE LA PROPRIÉTÉ

Ce qui fait la richesse et la fertilité du sol, c'est le morcellement de la propriété. Tout le territoire est réparti entre une foule de propriétaires grands et petits. Depuis la vente du domaine de Binanville par Madame Dufour de Villeneuve et ses héritiers, on ne compte pas moins de 377 possesseurs de biens fonciers, savoir :

224 propriétaires possèdent de 10 ares à 1 hectare
59   id.   id.   1 hect. à 2 hect.
49   id.   id.   2 id.   4 id.
24   id.   id.   4 id.   7 id.
11   id.   id.   7 id. 14 id.
10   id.   id.   14 id. 30 id.

En 1844, le domaine des anciens seigneurs de Binanville, d'une étendue de 58 hectares sur Arnouville, a été morcelé et vendu par petites parcelles qui sont aujourd'hui dans l'état le plus prospère, car les nouveaux possesseurs se sont hâtés de faire disparaître tous les buissons, haies, bosquets dont il était couvert et le tout a été mis en valeur.

Le territoire est ainsi réparti :

Terres labourables......................	835 h.
Vignes............................	2 h.
Jardins...........................	11 h.
Bois.............................	06 h.
Terres plantées d'arbres (pommiers et poiriers)........................	1 h. 70 a.
Propriétés bâties....................	8 h.
Chemins et places publiques..........	24 h.
Mares, cimetière....................	0 h. 24 a.
Superficie totale.........	970 h. 33 a.

On ne trouve pas de grande exploitation agricole, ce qu'on peut appeler de grandes fermes.

On compte une douzaine de cultivateurs qui exploitent chacun de 50 à 70 hectares dont la moitié environ sur les communes voisines et surtout sur Hargeville, avec 3, 4 ou 5 chevaux.

Une dizaine avec deux chevaux cultivent de 20 à 30 hectares.

Une trentaine, avec un cheval exploitent de 5 à 15 hectares.

Presque tous exploitent à titre mixte de propriétaires et locataires avec baux de neuf années.

Les prix de location varient de 90 à 120 fr. l'hectare. L'échéance est fixée à la St-Martin, mais les termes payables à Noël.

Les terres labourables se payent de 2.000 à 4.000 fr. l'hectare, le prix moyen est de 3.000 fr.

Principales cultures

La principale culture, on pourrait dire la seule, est celle des céréales. D'ailleurs ce produit est d'un rendement supérieur au rendement général de la France; il est d'une moyenne de 30 hectol. de blé à l'hectare, et pour l'avoine de 40 hectol.

La récolte de 1868, qui a été particulièrement bonne peut être évaluée à 36 hectolitres pour le blé et de 45 hectolitres pour l'avoine. Quant à la paille, elle est consommée presque en totalité pour le besoin des nombreux bestiaux, ce qui fournit une ample provision de fumier de ferme. Elle dispense ainsi des dépenses en engrais artificiels. 400 quintaux suffisent à compléter la fumure des terres.

Voici l'état des récoltes en 1808, supérieures à la moyenne.

CULTURES	Nombre d'hectares cultivés	Rendement par hectare en grain (hect.)	Rendement par hectare en paille (qux.)	POIDS de l'hectol. (kg.)	Rendement à l'hect. année moyenne en grain (hectol.)	Rendement à l'hect. année moyenne en paille (quint.)	Rendement total année moyenne en grain (hectol.)	Rendement total année moyenne en paille (quint.)
Blé..........	225	34	30	78	30	26	7650	6630
Avoine.......	260	45	27	50	45	24	11900	6240
Seigle........	15	30	30	70	30	30	450	450
Orge	5	25	20	65	25	20	125	100
Trèfle........	6	35			30		180 quint.	
Luzernes.....	185	35			30		5500	
Sainfoin.....	»	»			»		»	
Betteraves...	25	225			225		5625	
Pommes de Terre..	14	110			110		1540	
Vesces mélangées..	30	Consommé en vert par les bestiaux du pays.						
Trèfle incarn.	2							
Seigle	2							
Escourgeon..	2							

Elevage du bétail

VACHES

La commune compte 230 vaches qui toutes sont élevées pour la production du lait. Ces vaches gardent l'étable pendant presque toute l'année. Elles ne sont conduites aux champs que depuis le 1er octobre jusqu'à ce que les gelées aient roussi les herbes, c'est-à-dire jusques vers la mi-novembre. Elles vont pâturer les regains après la deuxième coupe, dans les prairies artificielles.

Les étables sont aménagées avec un certain confort. Elles sont voûtées et construites avec un calcaire grossier et tendre qui absorbe une grande partie de la buée exhalée par le bétail et le fumier. Elles ne sont pas pavées, mais le sol est recouvert d'argile battue et incliné pour faciliter l'écoulement des urines. Quelques fermiers possèdent une fosse à purin. Mais la plupart, suivant la vieille routine, laissent écouler en ruisseaux infects la partie la plus précieuse du fumier qui va empoisonner les mares. La routine et la crainte d'une dépense pourtant bien légère entretiennent cette pratique regrettable, contraire aux règles de l'hygiène et aux intérêts bien compris. Il est pourtant difficile de s'expliquer cette incurie devant le prix que les cultivateurs attachent à leurs fumiers. Sous ce rapport bien peu de progrès ont été réalisés. Les conseils et les exemples restent inefficaces devant la force des vieilles coutumes enracinées chez les populations rurales.

Les cours assez vastes continuent comme par le passé à être encombrées par des monceaux de fumier qui augmentent chaque jour, jusqu'à ce que la température ou les autres travaux permettent le transport dans les champs. L'intérêt n'apparaît au cultivateur que d'une façon insuffisamment palpable et la question d'hygiène est toute secondaire.

L'étable est le séjour préféré de toute la famille pendant les froids de l'hiver. Les ménagères s'y réunissent avec leurs voisines pour y passer la journée à coudre, et durant les longues soirées d'hiver, c'est là que se tient la *veille* à la clarté d'une lampe suspendue à la voûte. Dans cette atmosphère chaude et humide la réunion s'occupe surtout des commérages et de conversations d'où la médisance n'est pas rigoureusement exclue. Le seul avantage appréciable c'est l'économie du combustible, d'un chauffage à bon marché.

Les 230 vaches fournissent en moyenne 6 litres de lait par tête chaque jour, ce qui fait pour l'année 4.000

hectolitres qui, vendus au prix moyen de 10 francs procurent un revenu d'environ 49.000 fr.

Ce lait est recueilli deux fois par jour par différents laitiers pour être expédié sur Paris.

Les ménagères reçoivent chaque quinzaine le prix de leur lait qui, dans les petits ménages, pourvoit aux dépenses courantes. C'est là une ressource très précieuse à laquelle viennent s'ajouter les produits de la basse-cour non moins appréciables.

Les veaux, dont le nombre peut être évalué à 200 environ par an, sont vendus au bout de huit jours pour un prix qui varie de 10 à 40 francs. Ils sont ensuite vendus sur les marchés de Houdan à des éleveurs qui approvisionnent les boucheries. La vente du lait est plus rémunératrice et moins aléatoire que l'élevage des veaux.

La nourriture de toutes ces bêtes est amplement assurée par les prairies artificielles, pois, sarrasin, vesce, trèfle rouge pendant l'été et par le foin sec, la betterave mélangée à de la menue paille pendant l'hiver.

CHEVAUX

Sur les 100 chevaux que compte la commune, 90 au moins sont employés aux travaux de la culture. Le pays ne se prête pas à l'élevage de ces animaux; aussi les cultivateurs les achètent aux maquignons des environs, lorsqu'ils veulent avoir des chevaux déjà dressés au travail. Les fermiers, ayant à leur disposition quelques capitaux, se livrent volontiers à une spéculation assez lucrative. Ils vont dans les pays d'élevage, à Evreux, à Nogent-le-Rotrou, à Caen et même en Bretagne, acheter de jeunes poulains de dix-huit mois à deux ans, de fortes bêtes, d'ordinaire assez dociles. Ces chevaux, une fois bien dressés, sont revendus ensuite un prix rémunérateur quand ils atteignent l'âge de 5 ou 6 ans. C'est là une spéculation très intelligente.

Ouvriers agricoles

CONDITIONS ET SALAIRE

Parmi les ouvriers employés aux travaux agricoles moyennant salaire, il convient de distinguer ceux qui sont employés toute l'année, soit en qualité de journaliers ou de tâcherons, ou bien de domestiques à gages, et ceux qui ne sont employés que temporairement au moment des grands travaux de l'année.

Les premiers comprennent des ouvriers qui travaillent à la journée, au prix de 2 fr. par jour quand ils sont nourris ou 3 fr. sans la nourriture; quant aux tâcherons, ils gagnent en moyenne de 3 à 4 fr. par jour suivant leurs aptitudes. Les femmes de journées gagnent 1 fr. 25 et sont toujours nourries.

Les charretiers gagnent de 45 à 50 fr. par mois suivant la saison; ils sont nourris à la ferme bien qu'ayant leur famille et ne demeurent pas à la ferme. Les autres domestiques hommes, ce sont de tout jeunes gens, garçons de cour ou pages qui couchent à l'écurie et reçoivent des gages mensuels variant de 15 à 35 fr. suivant l'âge et la force de l'ouvrier.

Chez certains fermiers, la vacherie est remise aux soins d'un vacher, souvent suisse d'origine, gagé au taux de 40 fr. par mois. Chez d'autres, la fermière est aidée à la vacherie et aux travaux du ménage par une domestique souvent recrutée en Bretagne, car les jeunes filles du pays dédaignent ces travaux qu'elles trouvent trop pénibles et peu en rapport avec leurs goûts de coquetterie, elles préfèrent se placer comme bonnes à la ville. Il est juste de convenir que le travail qu'on exige d'une domestique de ferme ne laisse pas d'être fort pénible et peu rétribué, et que des Bretonnes seules, désireuses d'amasser un petit pécule, sont capables de fournir la somme de travail qu'on leur demande. Elles reçoivent de 20 à 25 fr. de gages mensuels. Rarement ces jeunes personnes retournent dans leur pays. Elles se marient avec un ouvrier ou un charretier du pays.

Lorsque arrive le mois de juin, des ouvriers bretons apparaissent, et s'engagent pour les binages, puis pour les travaux des foins et ensuite pour la moisson. Ce sont toujours de rudes travailleurs, âpres au gain et d'une sobriété inconnue de nos populations rurales. Ils travaillent toujours à tâche à raison de 26 fr. l'hectare pour faucher le foin, de 44 fr. l'hectare pour le blé et 30 fr. pour l'avoine.

C'est grâce à un travail opiniâtre, tant que dure le jour, que ces infatigables ouvriers parviennent à la fin de leur campagne à remporter dans leur pays quelques centaines de francs, grâce auxquels ils pourront vivre eux et leur famille, jusqu'au retour de la belle saison, époque où la faim les renverra dans nos fermes.

En 1702, les citoyens journaliers de la paroisse présentent à la municipalité une pétition tendant à une augmentation de salaire. Il est fait droit à leur demande et les journées ont été fixées ainsi qu'il suit :

15 sols et nourris et 25 sols non nourris; pour le battage du blé, 20 sols par setier (150 litres); pour le battage de l'avoine 2 sols par minot (20 litres); pour la façon de la vigne, 2 sols 6 deniers par perche (1/2 are).

Archives municipales

Volailles, Troupeaux, Gibier et Animaux sauvages

L'élevage de la volaille fournit à nos fermières des produits assez importants et d'autant plus appréciables que la nourriture est peu coûteuse, elle est fournie en grande partie par les grenailles et criblures des céréales, les vastes cours et les enclos.

Chaque fermière a dans sa basse-cour de 50 à 100 poules, une bande de 15 à 20 dindons et quelques oies. Les poulets, les dindons et les oies sont engraissés puis vendus au marché de Mantes où ils trouvent un écoulement facile ainsi que les œufs et les lapins.

Le lait et la basse-cour sont pour beaucoup de fermières intelligentes des ressources précieuses qui suffisent à alimenter le ménage. Mais là surtout, les bénéfices dépendent de l'activité de la ménagère et de son esprit d'économie. C'est surtout chez les petits ménages que ces profits sont d'un grand secours.

Il y avait autrefois plusieurs troupeaux de moutons. Avant la Révolution, la dîme payée à l'Église pour les trois troupeaux s'élevait annuellement à 114 livres. Aujourd'hui il y a peu ou souvent point de moutons, à cause sans doute de la difficulté de les faire paître sur un territoire très morcelé.

La plaine d'Arnouville est très giboyeuse, mais on n'y rencontre guère que des perdrix et des lièvres. Les bois de Souville nourrissent des lapins dont la multiplication est arrêtée à cause du peu de profondeur des bois. Les chasseurs y traquent pendant l'hiver quelques renards et des blaireaux.

Le voisinage des fermes est infesté par des fouines et des putois qui commettent de nombreux méfaits dans les poulaillers et les jardins.

Les vastes bâtiments ruraux et les meules de paille autour du pays entretiennent des légions de petits rongeurs, souris et mulots, auxquels les oiseaux nocturnes, effraies, hiboux, ducs, bien plus que les chats, font une chasse qui heureusement arrête la multiplication de ces destructeurs de nos récoltes. Contrairement à ce qu'on rencontre dans certaines contrées, nos campagnards ont pour ces auxilliaires le plus grand respect exempt de superstition.

INDUSTRIES — COMMERCE
PROFESSIONS

Il n'y a dans la commune d'autre industrie que celle du charronnage qui occupe quatre ouvriers. Il y a une cinquantaine d'années, une vingtaine d'individus étaient occupés à la bonneterie; ils confectionnaient à domicile surtout des bas au métier. Ce genre de travail a été abandonné par suite sans doute de la difficulté des communications et du transport des matières premières et des produits fabriqués. Aujourd'hui la culture occupe tous les bras.

Tous les produits agricoles de basse-cour trouvent un écoulement facile au marché qui se tient tous les mercredis à Mantes. Les œufs, les volailles, les lapins, les fruits, tout y trouve des acheteurs qui les transportent ensuite à Paris. Grâce à la proximité de la capitale, les prix de toutes les denrées se tiennent à un cours relativement élevé. Les fermiers y trouvent des courtiers pour leurs grains, leur paille et leur foin. Ils n'ont à supporter que le charroi jusqu'à Mantes. C'est ce marché, qui a pris une grande extension, qui centralise tous les produits des environs à quatre lieues à la ronde.

Classement de la population par professions

58 cultivateurs, fermiers et propriétaires.
31 ouvriers de culture adultes.
30   id.   id.   au-dessous de 20 ans.
3 maçons entrepreneurs, 7 ouvriers.
1 maréchal.
2 charrons, 4 ouvriers. .
1 chaudronnier-plombier.
2 cordonniers.
2 coiffeurs.
1 menuisier, 2 ouvriers.
1 boulanger-charcutier.
4 marchands de vins.
2 épiciers.
1 receveur-buraliste.
1 instituteur et une institutrice.
1 curé.
1 notaire et 2 clercs.

Il y a eu vers 1744, un chirurgien nommé Antoine
Rattier, qui exerça pendant 33 ans, jusqu'à sa mort, en
1767.

En 1811, M. Florent Ramigeon, originaire des environ de Bellac (Haute-Vienne), vint se fixer à Arnouville pour y exercer la médecine. Il quitta le pays en
1860.

L'étude de notaire

Autrefois, avant l'organisation du notariat par la
loi du 25 ventose an XI, il y avait dans toute localité un peu importante, un tabellion, sorte d'écrivain
public qui, moyennant finance, se chargeait de dresser
les actes de vente, baux, testaments, en un mot tout ce
que nous appelons aujourd'hui actes notariés.

En 1631, Jacques Verdier était tabellion en la paroisse
d'Arnouville, ainsi que l'atteste une inscription dans
l'église de cette commune.

Un de ses fils, Pierre Verdier, fut plus tard procureur
au Parlement.

En 1699, Pierre Parize était tabellion à Arnouville,
A ces fonctions, il cumulait celle de greffier au Baillage
en même temps que Gille Parize était procureur fiscal.

LOISEAU

Le 15 ventose, an XII (1804), Me Loiseau, notaire à
Jumeauville est installé en qualité de notaire à Arnouville.

Après lui viennent :

MM. Dalkat,	4 novembre 1817.
Desvignes,	2 octobre 1818.
Hébert,	9 février 1819.
Bresson,	2 janvier 1824.

BRESSON

Me Bresson, notaire, a été élu capitaine de la garde
nationale lors de sa première organisation, le 24 avril
1831. Il commandait la compagnie d'Arnouville composée de 125 hommes. Le 11 mai suivant il prête serment
avec les autres officiers.

Le 16 février 1832, il est nommé chef du bataillon
dont le siège était à Villette. Il est en même temps
conseiller municipal.

Le 10 décembre 1833, il est nommé avec l'abbé Fligny,
desservant, membre du comité communal d'instruction
publique d'Arnouville.

Le 10 février 1837, il était en faillite.

MM. Leroy,   24 décembre 1834.
     Langevin,   11 février 1843.
     Haucourt,   26 juillet 1831.
     Royer,   21 février 1879.
     Héron,   9 février 1889.

Garde-champêtre

Pour la première fois le 1er ventose, an IX (1801), le Conseil nomme garde-champêtre, *Anquetin Claude*, il reçoit des émoluments à raison de 40 centimes par hectare de terre, quelle que soit la culture, payables par les propriétaires ou locataires jouissants.

Le 15 germinal, an X, il est remplacé par Parize, Jacques, jusqu'au 1er vendémiaire à raison de 20 centimes par arpent, puis 25 centimes pour l'an XI.

L'année suivante est nommé garde Lebeuf Pierre, tambour sortant du régiment d'artillerie de marine, natif de Montfort-l'Amaury, en congé de réforme, il touche 30 centimes par arpent.

Il est bientôt remplacé par Vavasseur Pierre.

Enfin à partir de 1816 le garde-champêtre jouit d'un traitement de 400 fr. portés au budget communal.

Le 25 mai 1825 Royer Théodore, est nommé garde-champêtre. Il était sorti de l'armée, réformé avec pension.

Le 13 février 1832, à cause de l'étendue du territoire de la commune, le Conseil nomma gardes-champêtres honoraires MM. Laurent François et Laroche Pierre, qui seconderont le titulaire sans aucune rétribution.

En 1846, le traitement est réduit à 300 fr. et en 1848 il n'est plus que de 280.

En 1849 il a été porté à 600 fr. et depuis 1876 il n'est plus que de 500 fr.

Garde nationale

C'est du 22 mars 1831 que date l'organisation de la garde nationale dans toutes les communes de France. Tous les citoyens valides devaient en faire partie.

Le 19 avril 1831, les officiers de la compagnie d'Arnouville, MM. Bresson, capitaine, Godmusse, lieutenant, et Parize Joseph, sous-lieutenant, prètent le serment de fidélité à la Charte et aux lois.

Le 24 du même mois, 15 citoyens, reconnus impropres au service, sont dispensés, et le même jour elle est réorganisée; les cadres sont formés par élection.

La compagnie se composait de 125 hommes; elle avait

un capitaine, deux lieutenants et deux sous-lieutenants, un sergent-fourrier, six sergents et douze caporaux.

Le 12 mai 1831, les officiers prêtent de nouveau serment.

Le 15 août 1831, le Conseil s'engage à voter une somme quelconque pour pourvoir à la dépense du bataillon dont la compagnie d'Arnouville fait partie. Il émet le vœu que la réunion du bataillon ait lieu à Boinville et non à Épône ou à Mézières. Elle est finalement rattachée au bataillon de Villette.

En novembre 1831, le Conseil vote :

Pour chauffage du corps de garde	36 fr.
Pour acquisition d'une guérite.............	25
id. id. d'une table.	5
id. id. de paille	19
Pour chandelle, papier, encre, plumes, etc.....	15
Total.....	100 fr.

Le 16 février 1832, Vivier Charles, est élu capitaine en remplacement de Bresson, nommé chef de bataillon. Pinet Achin, est nommé officier d'armement.

Le 15 juillet 1832, le Conseil vote 150 fr. pour la dépense du bataillon, et le 13 décembre suivant, il vote un nouveau crédit, savoir :

Menus frais du bataillon........	100 fr.
Solde du tambour maître....	100
Journal de la garde nationale	12
Total...................	212 fr.

En 1843, le 12 septembre, il est procédé au recensement de la garde nationale. L'effectif de la compagnie est de 107 hommes.

En 1848, la garde nationale d'Arnouville est dirigée sur Paris pour prendre part à la répression des émeutes des journées de juin.

Elle est définitivement dissoute en 1852.

Sapeurs-Pompiers

Le 1er juin 1835, le Préfet de Seine-et-Oise adressait à toutes les municipalités une circulaire relative aux mesures à prendre contre les incendies. Il les invitait à organiser une section de sapeurs-pompiers pour le service d'une pompe à incendie et à concourir à l'achat d'une pompe au chef-lieu de réunion du bataillon de la garde nationale.

Le Conseil est d'avis d'acquérir une pompe pour la commune et de s'imposer pour cette dépense.

En 1838, l'école et l'église sont assurés contre l'incendie.

Enfin ce n'est que le 15 septembre 1844 que le Conseil vote une somme de 600 fr. qui, jointe à celle de 300 fr. promise par le Préfet à titre de secours permettra d'acheter cette pompe. Le chariot ne sera acheté qu'en 1853 pour 100 fr.

Le 10 août 1845, la subdivision de sapeurs-pompiers est organisée à l'effectif de 18 hommes.

Liste des sous-lieutenants, de la subdivision des sapeurs-pompiers :

1852 Egasse André.
1858 Voland Victor.
1864 Royer Charles.
1867 Bequin Augustin.
1872 Carrey Pierre-Étienne.
1877
1882 Guillotin, Jean-François.
1887 Beuzeron, Henri.

En 1889, à la suite de désaccord avec la municipalité, la subdivision est dissoute, puis réorganisée et équipée à neuf en 1891 avec Denet, André, pour sous-lieutenant.

INSTRUCTION GÉNÉRALE

Avant d'entrer dans l'historique de l'enseignement, il convient de se faire une idée aussi exacte que les documents le permettent, de ce qu'était l'organisation de la paroisse avant la Révolution.

Les fonctionnaires publics, procureur fiscal, lieutenant de bailliage, syndic qui dépendaient du subdélégué de l'intendant, n'avaient pas, du moins dans les paroisses rurales, dans leurs attributions les affaires de l'enseignement; leur charge se bornait à tout ce qui concernait l'impôt et la justice. Ils laissaient à d'autres la préoccupation de l'instruction du peuple. C'était donc à l'Église qu'incombait le soin d'instruire les enfants. Aussi d'après les registres paroissiaux et les archives de la fabrique, nous pouvons attribuer à un vicaire la charge de diriger l'école, dans les temps les plus reculés.

Du reste, la fabrique était en l'état rudimentaire ce qu'est aujourd'hui l'administration communale. Le Conseil de fabrique, avant la Révolution, avait des revenus, provenant de fondations faites par des donateurs. C'étaient des cens ou rentes annuelles, des terres qui étaient louées et dont le revenu alimentait la caisse, *le coffre.*

Toutes ces ressources étaient employées à l'entretien de l'église, du cimetière, du presbytère et de l'école.

Le clergé avait la direction de l'enseignement et des maîtres, puisque au cours d'une visite à l'église, monseigneur de Mérinville fait l'observation qu'on a trop payé le maître d'école, 25 livres en plus des 40 livres convenues. « Il fait défense audit maître d'école de n'y recevoir aucune fille à peine d'être interdit ». (19 mai 1721)

C'étaient toujours les marguilliers qui géraient les biens et disposaient des ressources. L'un d'eux avait pendant un an la charge de trésorier de la fabrique et devait rendre compte de sa gestion. Il y avait là une vraie organisation; mais les attributions de ce conseil de fabrique ne s'étendaient qu'aux choses de l'église et de l'école.

Le 21 septembre 1777, un curé d'Arnouville, nommé Cosson, originaire du Breuil, lègue à l'église et à la fabrique une maison qu'il possédait et qui est aujourd'hui une maison de culture appartenant à M. Noblet, ainsi que dix arpents de terre et vigne en 39 pièces, plus 2 livres 10 sols de rente foncière due par Pierre et

Claude Cochin. La maison devant servir d'école pour l'instruction de la jeunesse et de logement pour un maître ou président, « prêtre ou laïque, capable de saine doctrine, de vie et de mœurs irréprochables, et approuvé s'il est jugé nécessaire par monseigneur de Chartres ».

« Les revenus desdits biens seront employés au payement des honoraires dudit président et aux réparations à faire à ladite maison ».

Les recettes de la fabrique provenaient :

1° Des loyers des terres.
2° Du produit des dîmes.
3° De rentes foncières.
4° De la vente des émondes des arbres et herbes du cimetière.

Toutes les ressources devaient servir à faire face aux dépenses savoir :

1° Impôt des biens de la fabrique   20 l. 9 s. 6 d.
2° Impôt des biens de la fondation
de l'école..............................   21 l. 12 s.
3° Entretien de l'église, des objets du culte, des trois cloches, de l'horloge (elle date de 1781).
4° Entretien du presbytère, du vicariat (maison de Mme Vitoux, démolie en 1898, emplacement actuel du bâtiment de la pompe à incendie) de la maison d'école, du cimetière.
5° Traitement du curé. — Outre la dîme, il recevait 100 livres sur l'Hôtel-de-Ville de Paris, sans doute parce que l'église était église royale.
6° Traitement du vicaire.
7° Traitement du maître d'école. En 1789 il était de 306 livres payés par quartiers.
8° Traitement du bedeau (variable entre 30 et 24 livres et une paire de souliers de 5 livres).
9° Traitement des chantres, des fossoyeurs.
10° Traitement du monteur d'horloge ; c'était le maître d'école (15 livres).

Voici d'ailleurs un extrait du compte rendu par le curé d'Arnouville, de la gestion et administration du temporel de son bénéfice cure pour l'année 1790, devant les administrateurs du district de Montfort-l'Amaury.

RECETTES

Le rendant compte à fait recette par les mains du fermier des dixmes de la paroisse de :

36 septiers de blé non criblé à 24 livres
le septier.. 624 l.

Six septiers d'orge à 9 livres l'un...... 54 l.

58 minots d'avoine à 40 sols l'un....... 116 l.

200 bottes de paille gerbes et bottes,.. 32 l.

Un poinçon de vin et environ 30 pintes,
(le poinçon 200 litres, la pinte 0 l. 93),... 54 l.

Dixmes sur les 3 troupeaux............. 114 l.

Dixmes vertes payées par Jean-Baptiste
Lebigre................................... .. ... 12 l.

Dixmes de filasse et lin, 250 livres de filasse en branches, 8 sols la livre......... 100 l.

Dixmes de luzerne et trèfle, 340 bottes à
25 livres le cent...................... 85 l.

Dixmes de haricots, six quarts à 6 sols
le quart................................ 3 l.

Le rendant compte a exploité 10 arpents
30 perches de terre à 20 livres l'arpent... 257 l. 10 s.

Et 40 perches de vigne, 1/2 muids de
vin estimé............................... 43 l.

Rente active...... .... 15 l.

Total des recettes................ 1509 l. 10 s.

DÉPENSES

Le rendant compte a payé pour la vigne
divers travaux, taille, labours, gerbée, fi-
chage et liage, provins, fumier, échalas,
frais de vendange, une somme totale de .. 68 l. 4 s.

Frais de perception de la dixme de luzerne
et trèfle................................ 12 l.

Total des dépenses............. 80 l. 4 s.

Recette totale......................... 1509 l. 10 s.
Dépense totale......................... 80 l. 4 s.

Reste net entre les mains du sieur curé. 1429 l. 6 s.

Dernier budget de la fabrique

Compte que rend Marin Cuqu Solson, marguillier,
comptable de l'œuvre et fabrique d'Arnouville pour
l'année 1791.

CHAPITRE DES RECETTES

Rentes foncières de l'Église.......	05 l.	19 s.	2 d.
Rentes foncières du Rosaire........	5 l.		
Baux et loyers de la Fabrique.....	635 l.	15 s.	
Bail du Rosaire....................	07 l.		
Baux et loyers des terres de l'École,	205 l.	4 s.	8 d.
Total des recettes ordinaires.......	1008 l.	18 s.	10 d.
Recettes extraordinaires...........	28 l.	4 s.	
Total des recettes ordinaires et extraordinaires.........................	1127 l.	2 s.	10 d.

DÉPENSES

Total des dépenses ordinaires (compris 300 livres payées à J. Denet, maître d'école......................	829 l.	7 s.	
Total des dépenses extraordinaires,	58 l.	11 s.	6 d.
Total des dépenses ordinaires et extraordinaires.....................	887 l.	18 s.	6 d.
Recettes........................	1127 l.	2 s.	10 d.
Dépenses.......................	887 l.	18 s.	6 d.
Reste déposé au coffre de la fabrique	239 l.	4 s.	4 d.

Locaux scolaires

Le local qui a servi d'école était tout d'abord placé dans le bâtiment appelé le *vicariat* où demeurait le vicaire, situé à l'angle nord de l'église dont il était séparé par un mur et une distance de 3 mètres. Il était attenant à la grange des dîmes. Cet immeuble, qui a été démoli en 1808 pour l'élargissement de la rue, a dû être construit dans le cimetière qui entourait l'église et longtemps après celle-ci. Lors de la démolition, les ouvriers ont mis au jour des squelettes entiers.

Il comprenait un bâtiment avec rez-de-chaussée et des chambres au premier étage; un escalier en pierres dans la cour y donnait accès; derrière était une cour étroite dans un angle de laquelle on a retrouvé la fosse d'aisance. Cette fosse était et est encore un luxe de confort assez rare dans la campagne.

Voici une supplique adressée par le curé Marchand aux administrateurs de Montfort-l'Amaury et concernant cet immeuble.

A MM. les officiers du district de Montfort

Messieurs,

« Le curé d'Arnouville a l'honneur de vous représen-
« ter que au nombre des biens nationaux situés dans
« la dite paroisse, est une grange dite la grange dixme
« dont la construction est parallèle à l'église et n'en est
« éloignée que de dix pieds, ce qui rend ce côté de la-
« dite église très obscure et humide. Ce double incon-
« vénient ferait désirer au curé qu'elle fut vendue aux
« conditions de la démolir et de laisser les murs cos-
« tières et un pignon à huit pieds de haut d'un côté
« et à six pieds de l'autre. Le pignon du côté de l'Orient
« devant être conservé parce qu'il est mitoyen avec les
« bâtiments servant à tenir les petites écoles.

« Cet emplacement (la grange des dîmes) de peu de
« valeur intrinsèque, serait réuni à ladite maison d'école
« tant pour faire un petit jardin, que pour procurer aux
« enfants un endroit destiné aux besoins naturels; ils
« sont obligés d'y satisfaire dans la rue qui est très fré-
« quentée, ce qui est de la plus grande indécence.

« Le curé d'Arnouville ose donc espérer etc. »

Les administrateurs ne tinrent pas compte du vœu
du curé, et le tout fut vendu sans réserve ni conditions
comme tous les biens nationaux. L'acquéreur fut Jean
Denet.

La maison que le curé Cosson avait léguée en 1777
comprenait: au rez-de-chaussée, une cuisine, et une
grande salle pour faire la classe, d'une superficie de 30
mètres carrés environ, elle est éclairée par deux fenêtres
donnant sur la cour et une donnant sur la rue. Au
premier étage, sont deux chambres; c'était un local
confortable pour l'époque. Cette propriété a été vendue
le 12 fructidor an IV, comme propriété nationale, à M.
Egasse André.

L'école fut transportée alors dans des bâtiments dé-
pendants de l'ancien presbytère, sur la rue de la Beuron.
C'était l'instituteur qui en était propriétaire et recevait
de la commune une indemnité de 50 fr. puis de 100 fr.
par an. Ces bâtiments ont été démolis pour le redres-
sement de la rue. C'est là que le sieur Dutertre a en-
seigné pendant 20 ans. Des vieillards se souviennent y
avoir été à l'école sous la direction du sieur Dutertre,
dit le père Lamiote.

En 1837, le 23 janvier, la commune achète au prix de
3.000 fr. l'immeuble appartenant à M. Gautier, pour

servir de maison d'école en même temps que de mairie. Elle obtint de l'État une subvention de 1.000 fr. La salle de classe, qui sert aujourd'hui de salle de mairie, a environ 30 mètres carrés, elle est basse de plafond et éclairée alors par quatre fenêtres Le logement du maître, au premier étage, se composait d'une pièce de même dimension qui fut plus tard coupée par une cloison.

Ce local fut jugé insuffisant, et le 30 août 1842, le conseil vote un crédit de 2.000 fr. pour la construction d'une mairie contiguë au bâtiment déjà existant Le rez-de-chaussée servit de cuisine à l'instituteur et au-dessus était la salle de la mairie.

Enfin en 1856 fut décidé la construction de l'école actuelle. L'inauguration eut lieu en 1861. Un vaste terrain fut acheté, sur lequel fut édifié le bâtiment pour une école mixte. Un jardin de 5 ares fut aménagé derrière entouré de murs, une vaste cour par devant. Sur le prolongement du bâtiment fut construite une remise pour la pompe à incendie. Cette pompe a été transférée en 1898 dans une remise isolée, près de l'église, et le local affecté à un préau pour les enfants des écoles.

Aujourd'hui, maîtres et élèves ont de belles salles très vastes, gaies, propres, éclairées par de larges fenêtres où la lumière et l'air entrent à flots en toute saison au lieu de l'affreuse salle obscure et triste où les enfants des deux sexes étouffaient aussi bien en hiver qu'en été. Les murs sont tapissés de cartes et de tableaux qui donnent un aspect riant et reposent la vue, tout en fournissant un matériel complet d'enseignement. Seul, le mobilier est resté ce qu'il était il y a soixante ans, les mêmes tables ont déjà servi à plusieurs générations.

Une vaste cour sert aux récréations et est agrémentée par un jardinet. Une pompe fournit de l'eau aux maîtres et aux élèves.

Chaque année, le conseil municipal inscrit au budget communal un crédit de 100 fr. pour l'entretien et le renouvellement du mobilier scolaire, un autre de 125 fr. pour le chauffage et l'éclairage des classes, un crédit de 120 fr. pour fournitures aux élèves indigents et un autre de 80 fr. pour livres de prix.

L'école possède une bibliothèque populaire composée de 200 volumes à prêter aux familles. Chaque hiver, une cinquantaine de lecteurs empruntent cent ouvrages.

L'école est fréquentée assez régulièrement, sauf pendant les mois de juin et de juillet, époque des grandes récoltes.

Fréquentation en 1898-1899

34 garçons sur	12.112 présences possibles	9.745 présences effectives	
30 filles sur	10.756 —	— 8.988 —	—
Totaux....	22.868 —	— 18.733 —	—

Pendant l'hiver 1898-1899 le cours d'adultes a été fréquenté pendant 4 mois par 18 jeunes gens.

D'après les registres paroissiaux, voici quel était le degré d'instruction de la population :

De 1700 à 1710 il y a eu 33 mariages :
Sur les 33 époux, 17 ont signé l'acte ;
Sur les 33 épouses, 5 ont signé l'acte.
    Ce qui donne :
Pour les hommes 48 0/0 illettrés,
Pour les femmes 84 0/0 illettrées.

De 1800 à 1810 il y a eu 48 mariages :
Sur les 48 époux, 34 ont signé l'acte,
Sur les 48 épouses, 19 ont signé l'acte.
    Ce qui donne :
Pour les hommes 29 0/0 illettrés.
Pour les femmes 60 0/0 illettrées.

A partir de la loi du 28 juin 1833, sur l'enseignement primaire, les illettrés, hommes ou femmes, sont une rare exception.

Evénements chronologiques relatifs à l'enseignement

1697

Pierre Tasset, maistre d'escolle et chantre.

1708

Denet, maistre d'escolle, reçoit de la fabrique 40 livres, plus 15 sols par livre.

1714

Pierre Royer, maistre d'escolle et chantre.

1715

Christophe Préau, maistre d'escolle.
Jacques Petit, maistre d'escolle.

1719

Sébastien Lefèvre, maistre d'escolle, touchait 5 livres par mois.

1734

Pelvesne, vicaire et maistre d'escolle.

1737 et 1738

Robert Jourdain, maistre d'escolle et *fosseieur*, reçoit 44 livres 10 sols pour 3 mois.

1739

Asselin, vicaire et maistre d'escolle.

1744

Desmare, maistre d'escolle.

1749

Jean Denet, maistre d'escolle. En 1752 il est en même temps fosseyeur.

1758

Denis Cuqu, maistre d'escolle puis fossoyeur en 1700.

1770

Jean Denet, maistre d'escolle. En 1782 il est chantre et touche 300 livres par an. Le traitement partant de la Saint-Martin d'hiver.

1782, 12 février.

Jean-François Delahaye. L'acte avait été passé avec la fabrique le 23 décembre 1781. Son fils était alors maître d'école à Flexanville. En 1788 ils étaient tous deux maîtres d'école à La Roche-Guyon. Le conseil général de cette localité ayant à se plaindre des querelles du père et du fils, les révoque l'un et l'autre. Le père est réintégré quelques mois plus tard.

1784

Jean Denet est de nouveau maître d'école avec son fils comme aide. Ils sont en même temps chantres et fossoyeurs.

1785

Le Sine, maître d'école touche 285 fr. par an.

1786

Du 6 janvier 1786 jusqu'en 1794, Jean Denet exerce les fonctions de maître d'école.

1794

Le 22 pluviose, an II, en exécution du décret du 29 frimaire (1793) relatif à l'organisation de l'instruction

publique, le conseil général d'Arnouville reçoit Jean
Denet, âgé de 25 ans, pour instituteur du premier degré
d'instruction. Il lui fait prêter serment et lui délivre un
certificat de civisme et de bonnes mœurs. Le 6 brumaire
an II, Jean Denet abandonne les fonctions de greffier
de la commune et continue celle d'instituteur national.

Le 9 floréal suivant, ledit Jean Denet est confirmé
dans ses fonctions d'instituteur par le jury d'instruction siégeant à Montfort-le-Brutus, après lui avoir
fait subir un examen il lui délivre un certificat de capa-
cité

An XII, 15 pluviôse

Le citoyen Durochasse est instituteur en remplacement de Jean Denet qui est percepteur. La commune
loue à Jean Denet le local situé près l'église au prix de
60 fr. par an.
La rétribution scolaire est ainsi fixée :
1re classe d'élèves 1 fr. 50 par mois.
2e — — 2 fr. 25 — —

1815

Nicolas Vivier. Son Excellence le Grand Maître de
l'Université, par sa décision du 20 avril 1815 autorise
Vivier Nicolas à exercer provisoirement les fonctions
d'instituteur primaire en la commune d'Arnouville suivant sa lettre du 5 mai 1815.

1815

Dutertre François. Le conseil délibère sur une pétition
des habitants, tendant à remplacer Vivier Nicolas par
Dutertre François, ancien militaire, né et domicilié en
cette commune.

1817, 15 septembre

Le sieur Vivier est destitué parce qu'il a perdu par
sa mauvaise conduite la confiance des habitants.

Le sieur Dutertre est autorisé à exercer les fonctions
d'instituteur primaire provisoirement en attendant de
recevoir l'autorisation définitive, lorsqu'il aura prouvé
par sa conduite que, dorénavant, il se montrera soumis
aux règlements et aux ordres de ses supérieurs.

C'était un ancien militaire qui était à peu près illet-
tré quand il était parti pendant les guerres de la République. Pendant sa longue captivité en Angleterre, il
s'était instruit, on ne sait trop comment, si bien qu'à
son retour dans sa famille, à l'âge de quarante ans, il

avait une instruction qui le mettait hors de pair. C'était paraît-il un conteur agréable qui amusait souvent son auditoire par ses récits extraordinaires.

1831

Le conseil qui jusqu'alors ne votait que 50 fr. pour indemnité de logement à l'instituteur, vote 100 fr. à titre d'encouragement à l'instruction publique.

1833

Enfants qui ne fréquentent pas l'école :
Vavasseur, Victorine 7 ans indigent
Vavasseur, Emilie   7 ans   —
Denet Pierre, 8 ans, insouciance des parents
Denet Désiré, 5 ans,   —   —   —

183 , 8 août

Loi du 28 juin 1833 sur l'enseignement primaire.

Le conseil vote un impôt de 3 centimes additionnels pour assurer à l'instituteur une indemnité de 100 fr. et un traitement de 200 fr.

Il fixe la rétribution scolaire, savoir:
Enfant qui commence à lire   0 fr. 75
Enfant qui commence à écrire   1 fr. 25
Enfant qui écrit et calcule   1 fr. 50
Elèves indigents admis gratuitement :
5 garçons et 8 filles,

1833, 19 décembre

Comité cantonal pour l'instruction
2 membres : 1 M. Bresson, notaire,
             2 M. Fligny, desservant.

1835

Le sieur Dutertre déclare ne pouvoir continuer son service et donne sa démission d'instituteur.

Le conseil présente au comité supérieur de l'arrondissement de Mantes, pour le remplacer, le sieur Hennoque instituteur à Houlins (Eure-et-Loir).

1836

Le conseil vote 100 fr. pour faire construire des bancs et des tables pour les 100 enfants qui fréquentent l'école.

1841, 5 mars

L'instituteur Hennoque révoqué de ses fonctions par le comité supérieur de l'instruction primaire, le 11 février

1841, est réintégré dans ses fonctions. Il était accusé de mauvais traitements sur ses élèves, notamment sur l'enfant Lamiot. Il avait 74 élèves.

1841, 18 août

Le sieur Broux Denis Gilles, qui exerce provisoirement les fonctions d'instituteur, en remplacement de Hennoque, est proposé au comité supérieur et il est nommé.

Damars, novembre 1855.
Broux Paul-Henri, novembre 1850.
Godefroy, août 1863.
Bénard François-Edmond, août 1864.
Robert Théodore, mars 1868.
Cruchet Louis-Edouard, juillet 1871.
Durand Désiré-Ernest, mars 1881.
Ménard Servais, 18 avril 1890.
Cormerois Emile, 4 avril 1892.

Jusque vers 1865 l'école d'Arnouville était mixte. Un peu avant cette époque une riche dame avait installé une institutrice, Mlle Leroy, qui dirigea une école de filles gratuites.

Bientôt après, une institutrice publique fut nommée. Le local se prêtait à merveille à une double école; une simple cloison séparant la grande salle, et les deux écoles avaient leur entrée distincte et une cour commune.

Depuis 1871, c'est un ménage enseignant qui dirige les deux écoles spéciales d'Arnouville.

Liste des institutrices:

Mlle Leroy, institutrice libre.
Mlle Desporte, institutrice publique.
Mlle Henriot Valentine.
Mlle Landrin, dame Cruchet.
Mme Durand,
Mme Ménard.
Mme Cormerois.

ESQUISSE HISTORIQUE

L'origine d'Arnouville est difficile à déterminer. Rien, ni documents, ni tradition ne fournit aucun renseignement sur ce point. Aucun vestige de monument, pas le moindre silex ne permet de lui attribuer une existence à l'époque celtique ou romaine.

Pendant le cours des travaux pour l'élargissement du chemin partant de la Croix de Saint-Quentin et se dirigeant sur Souville, on a mis à découvert des ossements qui dataient de fort loin, ce qui indique certainement un ancien cimetière, car si c'était l'emplacement d'un champ de bataille on aurait retrouvé quelques débris d'armes quelconques.

Une tradition populaire raconte que cet endroit est l'emplacement de l'ancien Arnouville qui aurait été détruit pendant les guerres de religion, lorsque Henri IV bataillait dans la région contre Mayenne. Cependant, la destruction du village doit être bien antérieure à cette époque, car dans un acte, de 1604, d'échange de terres entre les dames du couvent de Saint-Corentin et un sieur Le Couturier, il est question de pièces sises près des bois de Souville; l'une d'elle, de 4 arpents, « proche les murs du parc dudit Souville ». Mais il n'est pas question de village, bien que toutes les pièces de terre échangées fussent dans cette région.

Du reste, il est parlé dans des notes inscrites à la fin des registres paroissiaux d'une chapelle de Saint-Quentin dont il ne restait plus que des ruines en 1751. *L'autel de Saint-Quentin quant au rétable seulement..... marqué sur le compte du sieur Cosson, curé, qui en fait présent à la fabrique pour perpétuer, par ce monument, ou ouvrage, la chapelle de Saint-Quentin qui est actuellement démolie et dont il ne reste plus sur la place que les pierres et murailles en ruines.* Une rustique croix en pierre marque aujourd'hui l'emplacement de Saint-Quentin.

M. Armand Cassan dit, dans sa Statistique de l'arrondissement de Mantes, que le village d'Arnouville était autrefois placé au-dessous du château de Souville, lequel château était sur la hauteur du même nom. Il reste encore aujourd'hui quelques amas de pierres et quelques restes de murs qui indiquent l'emplacement du château.

Une autre version assez vraisemblable rapporte qu'il devait y avoir une ferme, un hameau ou un village au lieudit « Le Puits de Bouquinville » sous la hauteur est un peu au nord-est de Saint-Léonard. Le soc de la charrue heurte souvent, en cet endroit, des pierres provenant de démolitions, et un puits y existait sous la Révolution, il a été comblé depuis.

Eglise d'Arnouville

D'après l'abbé Gauthier, Arnouville est désigné au IX° siècle *Arnoni villa — Arnulphi villa — Arnonvilla.*

Le même auteur fixe l'érection de la paroisse à l'année 974. Armand Cassan dit avoir lu dans un livre couvert de cuir rouge, écrit sur parchemin, où il est fait mention des donations faites à l'église de Mantes, que « la comtesse Ledgarde fille de Herbert, veuve d'abord de Guillaume Longue-Épée, puis de Thibault-le-Tricheur et qui *passait sa vie a Chartres comme une vraie veuve, comme Anne, fille de Phanuel, de la tribu d'Aser* lègue à l'église de Mantes, en 974, Arnouville, Mantes-la-Ville, Limay, Issou et Auffreville avec leurs églises. « *Arnovillam, Meduntam villam, Limayum, Issou et terram de Auffrevilla cum ecclesiis* »

La construction de l'église d'Arnouville actuelle, daterait, d'après l'abbé Gauthier, du XII° siècle. Cette version ne serait pas d'accord avec la tradition qui attribue la construction à Blanche de Castille. Cette reine avait fondé le couvent de Saint-Corentin de l'ordre de Saint-Benoît, avec des terres et entre autres la ferme de Saint-Léonard, aujourd'hui démolie. Saint-Corentin est un hameau de Rosay, distant d'Arnouville de 4 kilomètres. Cette dernière tradition a quelque vraisemblance.

D'autre part, les quatre piliers du chœur qui, seuls, sont restés dans l'état de leur construction primitive, portent dans leur chapiteau les armoiries de la maison d'Abos de Binanville; l'écu est tantôt isolé, tantôt flanqué des initiales d'un des seigneurs. Elle serait donc contemporaine des premiers d'Abos, c'est-à-dire daterait de 1500 à 1650.

L'église peut donc avoir été construite par Blanche de Castille dans la première moitié du XIII° siècle, puis restaurée ou reconstruite au XVI° siècle par les d'Abos. Du reste, ces seigneurs devaient avoir pris l'engagement sinon d'entretenir le monument, du moins de fournir les matériaux, charpente, qui seraient nécessaires, ainsi qu'il est spécifié dans un devis de 1718 de rétablissement du clocher, détérioré par la foudre.

« Les bois nécessaires pour ladite ouvrage me seront fourny et rendu sur les lieux de la part de M. de Binanville, c'est-à-dire à l'entrée du cimetière ».

Voici une note portant la date de 1690, rédigée par le curé Cosson. « Le clocher mis en ardoise, pour la première fois aux frais de la fabrique, et la seconde fois par le territoire : 1200 livres, Louis-Maximilien d'Abos, adjudicataire.

« Ledit clocher avait toujours été couvert en bardeau jusqu'alors et mis en ardoise pour le prix de 700 livres, le tout neuf ; il n'a subsisté qu'environ sept ans ayant esté démoli le 2 août à minuit par un coup de tonnerre sans feu, a sa flèche totalement dépouillée de son ardoise seule, le chevron d'herestiers sur la petite porte, cassé à 36 pieds de haut et destaché de sa place ; ladite petite porte de l'église brisée et son cintre de pierre tout escroulé ».

Pendant la période révolutionnaire le monument un moment désaffecté avait été négligé. Aucune réparation n'y avait été faite depuis longtemps. Les ornements et tous les objets du culte de quelque valeur avaient été enlevés, transportés à Montfort ou dispersés.

Après le rétablissement du culte, en l'an XII, le conseil municipal décide que des réparations sont urgentes à la toiture de l'église, car les grands vents ont causé de graves ravages, il pleut partout dans l'église. Mais il n'est fait que les réparations les plus pressantes.

Le 16 septembre 1804, grande solennité à l'église. En présence de toute la municipalité et marguilliers, M. le vicaire général de l'évêque de Versailles, Jean Marchand est installé en qualité de curé desservant de l'église d'Arnouville.

Le 14 février 1809, un affreux ouragan a de nouveau ravagé la toiture de l'église. Des réparations les plus urgentes ont été faites ; mais la dépense qui s'est élevée à 450 fr. ne peut être payée qu'en partie avec les 252 fr. provenant de la vente d'arbres et des amendes de police.

Enfin en 1864, l'église a subi une transformation qui l'a faite telle qu'elle est actuellement. Les gros piliers cylindriques de la nef ont été transformés en piliers octogonaux beaucoup plus petits. Les bas-côtés élargis au moyen de noues et les fenêtres ogivales agrandies, ce qui a rendu l'intérieur beaucoup plus clair.

Les cloches étaient au nombre de trois ; la petite et la moyenne ont été descendues du clocher le 1er octobre 1793, et transportées à Montfort sur un décret de la Convention.

Le 25 novembre 1793 les cercueils contenant les restes des membres de la famille d'Abos renfermés dans un caveau sous la sacristie ont été ouverts en présence du citoyen Courtois, commissaire du Gouvernement. Les ossements ont été inhumés dans le cimetière. Trois cercueils en plomb ont été vidés et transportés à Montfort par le citoyen Nicolas Gaultier moyennant la somme de 12 livres; ils pesaient 716 livres. Il y avait également deux plaques de cuivre pesant 9 livres.

Une note de l'abbé Cosson à la fin du registre de l'année 1701 rapporte:

« En l'année jubilaire 1726 Mgr Robert Anquetin
« pendant son jubilé à Chartres, le sieur Pierre de La-
« noë, vicaire d'Arnouville, fit desmolir deux autels
« l'un de la Sainte-Vierge, l'autre de Sainte-Barbe, qui
« étaient en plastre, posés contre les deux piliers de
« l'entrée du chœur où sont aujourdhui celui de Saint
« Quentin et de Saint-Roch; l'autel du Rosaire fut
« mis alors où il est; les bancs du chœur faits, la sa-
« cristie et son caveau; au frais de qui? on en a rien
« dans les comptes du tems. La tradition dit que la
« fabrique a payé alors 700 fr., on ne sçait pour quel
« objet. La fabrique a perdu ses billets de banque,
« puisqu'on en voit l'employt nule part. »

En 1780, la grosse cloche a été refondue par les frères Dornois, fondeurs à Évreux. Elle a été bénie par le curé Marchand, en présence de messire Achin, marquis d'Abos, capitaine du régiment de Monsieur son premier chambellan.

L'horloge date de 1783. Elle a été remplacée en 1864 par l'horloge actuelle.

En 1787 la petite cloche été bénie, le parrain a été Alexandre-Maximilien d'Abos et la marraine Louise-Elisabeth de Chérade de Montbron, veuve marquise d'Abos, mère dudit d'Abos.

Le presbytère était le local appartenant aujourd'hui à M. Michel, maire, lequel y a ajouté de nouvelles constructions qui en ont fait une ferme bien aménagée.

Cependant il comprenait un ensemble d'immeubles presque aussi vastes que ceux d'aujourd'hui.

L'abbé Cosson, dans un long mémoire, donne l'état dans lequel il l'a trouvé en 1738 et les nombreuses réparations et modifications qu'il y a faites dans le cours des quinze premières années de sa cure.

Vente de biens nationaux du territoire d'Arnouville. — District de Montfort-le-Brutus

17 janvier 1791

1. — Un corps de ferme dite de Saint-Léonard avec tous les bâtiments servant à son exploitation, plus 100 arpents 7 perches de terre en 82 pièces, appartenant à l'abbaye de Saint-Corentin. Acquéreur: Froyer, procureur au district de Mantes. Prix......... 32.300 fr.

1er février 1791

2. — Une maison, cour, bâtiment, petit jardin contenant environ 1 perche 1/2, plus une grange appartenant au chapitre de Mantes. Acquéreur; Laurens, laboureur à Arnouville. Prix..................... 2,025 fr.

5 février 1791

3. — 8 arpents 20 perches de terre en 4 pièces, territoires d'Arnouville et d'Hargeville, appartenant à la chapelle du prieuré de Saint-Léonard. Acquéreur: Carlu, vigneron à Villette. Prix................ 6.250 fr.

4. — 11 arpents 10 perches de terre et vigne en 15 pièces, appartenant à la cure d'Arnouville. Acquéreur; Gourdet, laboureur à Arnouville. Prix...... 12.100 fr.

8 février 1791

5. — 2 arpents 40 perches de terre, en 2 pièces, appartenant à la Chapelle Saint-Jacques d'Arnouville. Acquéreur: Laurens, laboureur à Arnouville. Prix 1.525 f.

6 mars 1793

6. — 161 perches 1/2 de terre en 8 pièces, terroirs de Villette et d'Arnouville, appartenant à la fabrique d'Arnouville. Acquéreur: Laborde, laboureur à Arnouville. Prix..................... 1.225 fr.

7. — 295 perches 1/2 de terre, en 3 pièces, mêmes terroirs, même propriétaire. Acquéreur: Cotty, vigneron à Arnouville. Prix..................... 2.300 fr.

8. — 232 perches de terre, en 5 pièces, même propriétaire. Acquéreur: Cucu, à Boinville. Prix... 3.350 fr.

30 avril 1793

9. — 200 perches de terre, en 4 pièces, même propriétaire. Acquéreur: Volland, laboureur à Arnouville. Prix..................... 3.625 fr.

10. — 13 perches de terre, en 3 pièces, même propriétaire. Acquéreur: Eyval, à Arnouville. Prix   2.700 fr.

11. — 165 perches de terre, en 2 pièces, terroirs d'Arnouville et d'Hargeville, même propriétaire. Acquéreur: Le Blond. Prix..................... 2.575 fr.

12. — 60 perches de terre, même propriétaire. Acquéreur: Truchon, à Montfort. Prix........... 1.000 fr.

19 brumaire 1793

13. — 53 perches de terre, en 2 pièces, appartenant à la fabrique de Boinville. Coacquéreurs: Duch et Royer, à Arnouville. Prix...................... 5.625 fr.

6 prairial an III

14. — 40 perches de terre, en 3 pièces, appartenant à la fabrique de Boinville. Coacquéreurs: Chaumet, Moreau et Fossé à Villette. Prix.............'.. 6.050 fr.

18 brumaire an IV

15. — 4 arpents 80 perches de terre, en 5 pièces, terroirs d'Arnouville et d'Hargeville. École de Thoiry. Acquéreur   . Prix............ 274.200 fr.

16. — 45 perches de terre, en 4 pièces, terroirs d'Arnouville et de Rosay. Fabrique de Boinville. Acquéreur Catutelle, à Montfort. Prix............... 6.100 fr.

17. — 164 perches de terre, en 5 pièces, Arnouville, fabrique de Mantes. Acquéreurs: Carlu père et fils, Cotty et Verdier. Prix................... 100.400 fr.

18. — 125 perches de terre, en 5 pièces, Arnouville, Confrérie de la charité de Mantes. Acquéreur: Le Bœuf, à La Queue. Prix..................... 61.100 fr.

19. — 50 perches de terre, en 2 pièces, Arnouville, fabrique de Civry-la-Forêt. Acquéreur: Parize à Arnouville. Prix...................... 34.200 fr.

20. — 15 perches de terre, Arnouville, Confrérie de la charité de Mantes. Acquéreur: Tixier, à Montfort. Prix.............................. 9.900 fr.

Une chapelle dite de Saint-Léonard, avec environ 12 perches 1/2 de friche. Fabrique d'Arnouville, Acquéreur: Tixier, à Montfort. Prix............... 15.200 fr.

8 vendémiaire an XII

80 perches de terre, en une pièce, Arnouville, Pasquier Boisrouvrai, émigré. Acquéreur: Courtois, à Montfort. Prix...................... 30.500 fr.

12 fructidor an IV

Le presbytère, jardin et dépendances, maison de l'école et 4 pièces de terre, sis à Arnouville, cure et fabrique d'Arnouville. Acquéreur: Egasse André. Prix.. 9.000 fr.

2ᵉ jour complémentaire an IV

Le vicariat et dépendances sis à Arnouville (emplacement actuel du bâtiment de la pompe à incendie) Fabrique d'Arnouville. Acquéreur: Denet Jean, prix 450 fr.

Le même jour le presbytère avec son jardin et dépendances sis à Hargeville appartenant à la cure était vendu pour 4140 fr. à Laurens et Lebigre, d'Arnouville.

Le territoire ou paroisse d'Arnouville faisait partie du Mantais. La cure dépendait du diocèse de Chartres Les registres paroissiaux étaient délivrés par le lieutenant général du baillage et siège présidial de Mantes.

Liste des curés de la paroisse de Saint-Aignan d'Arnouville depuis 1600

Mathieu Veillet mort le 8 mars 1624, laissant à l'église une rente annuelle de 12 livres tournois due par Pierre Moigne et par André Mesnil et sa femme.

Jacques Dutertre mort vers 1631, lègue à l'église d'Arnouville par testament passé pardevant Barnabé Verdier, tabellion audit lieu, la somme de 4 livres 10 sols tournois à prendre sur une maison baillée à Pierre Fleury. (*Inscription sur une pierre tombale dans l'église d'Arnouville*).

Dumont, 28 juin 1631.

Honoré Courtez, 1632.

Vincent Laurier prend possession de sa cure le 24 janvier 1634. Le 6 mars 1641 il a été inhumé en l'église d'Arnouville.

Jean Du Breuil, 15 mars 1641.

L. Froville, 1648.

J. Tiesse, 1668.

Lesavetier, 1671.

Robert Anquetin, curé d'Arnouville pendant 56 ans, de 1680 à 1736. Mort le 25 juin 1738 à l'âge de 85 ans, a été inhumé dans l'église sous le grand crucifix (qui était placé au-dessus de l'entrée du chœur) suivant sa dernière volonté.

François Cosson, natif du Breuil, curé pendant 44 ans, du 24 avril 1736 au 20 janvier 1780. Bienfaiteur et fondateur de l'école des pauvres, est mort le 20 janvier

1780 à l'âge de 80 ans, a été inhumé devant la porte de l'église.

Jean Marchand, prieur de Beauvoir en Provence, est nommé à la cure de Saint-Aignan d'Arnouville par Sa Majesté, le 3 juin 1779. Il eut à subir la période révolutionnaire, prêta solennellement le serment de fidélité à la nation, à la loi et au roi « son légitime souverain et son bienfaiteur » (30 janvier 1791). Il subit l'humiliation d'assister à l'enlèvement des objets du culte dans l'église, à la descente de la cloche, à l'enlèvement des cercueils de la maison d'Abos.

Après la vente du presbytère et des biens de la fabrique, il se retire quelque temps à Mantes puis, pour conserver sa cure et administrer sa paroisse, il se fait construire une maison, vendue plus tard à Mme Dufour, de Villeneuve et qui après être devenue la propriété de M. Florent Ramigeon, médecin, puis de Pigis, appartient aujourd'hui à MM. Decourty et Denet Eugène.

En 1790 il fait partie du corps municipal comme officier public. Il continue à rédiger les actes de l'état civil jusqu'en 1792, époque où les registres sont déposés à la municipalité. Il reçoit pour son logement une indemnité de 150 fr.

Il a la joie d'assister au rétablissement du culte et à la restauration de l'église qui était en bien mauvais état.

Il meurt en 1818 en laissant à sa domestique l'usufruit de sa maison qui est louée par la commune pour loger le nouveau curé.

De 1818 à 1833, la cure fut desservie par les curés des paroisses voisines, parce que la commune ne possède pas de presbytère.

Fligny fut d'abord curé d'Hargeville et desservit Arnouville. Il fut longtemps en lutte avec la municipalité ou du moins avec quelques uns de ses membres.

Mme Dufour, de Villeneuve, ayant acheté la maison de l'ancien curé Marchand pour y loger le curé, l'abbé Fligny, d'Hargeville, vint se fixer à Arnouville. A la mort de la bienfaitrice, le curé acheta pour se loger une maison pour laquelle le conseil consentit d'abord à payer une indemnité puis voulut la supprimer et ne la paya que sur l'ordre du sous-préfet.

L'abbé Fligny mourut le 19 février 1871. Il fut remplacé par l'abbé Vasseur.

L'abbé Chatignères.

L'abbé Guillot.

Liste des maires

GOURDET (Jean-Baptiste)   17 janvier 1798

GUILLOTIN (Pierre)   13 novembre 1791

GARNIER (Jean-Baptiste)   3 prairial an III

VERRIER (Nicolas), agent municipal et VOLAND
adjoint.

RUFFIN (Jacques) agent municipal et DUCHEMIN
adjoint·

LAURENS (Michel)   thermidor an VIII

ARTUS (Nicolas)   mars 1813

RUFFIN (Jean-Marie)   17 août 1846

LEBIGRE (Jean-Baptiste)   15 juillet 1852

VOLAND (Charles)   15 juillet 1855

EGASSE (André)   24 décembre installé
par le sous-préfet en personne.

HAUCOURT (Henri)   27 septembre 1870
Sur le refus du maire élu, M. Haucourt, notaire, accepte les fonctions de délégué.

ROYER (Charles André)   14 mai 1871

HARRET (Jean)   21 janvier 1878

MICHEL (Alfred Cyprien)   17 mai 1896

BINANVILLE

Vers le nord du territoire d'Arnouville et près de la limite de la commune de Breuil-Bois-Robert, à quelques centaines de mètres de la route de Mantes, on voit une haute muraille percée de grandes baies faisant face au sud-est, puis d'autres restes de constructions, le cintre d'une grande porte et des monceaux de pierres, le tout entouré d'un fossé naguère encore en partie rempli d'eau.

Deux ponts franchissent ce fossé et donnent accès dans l'enceinte formée par les ruines des bâtiments. Le tout au milieu d'un enchevêtrement de ronces, de buissons, de clématites courant sur de grands arbres. C'est là tout ce qui reste du château de Binanville.

Placé en un point culminant, il dominait toute la vaste plaine d'Arnouville, Hargeville, Goupillières, Thoiry, Jumeauville, etc. Du pied de ces ruines, la vue s'étend jusqu'à Andelu et Maule. Des fenêtres du château, on pouvait voir par un temps clair, paraît-il, le château de Versailles.

Cette construction formait un vaste rectangle de 100 mètres sur 75 entouré d'un large fossé qui recevait les eaux pluviales des alentours. Deux portes fortifiées donnaient accès dans l'intérieur. La porte de Mantes qui existe encore flanquée de hautes tours percées de meurtrières au nord-est et la porte d'Arnouville au sud-ouest.

En entrant par la porte de Mantes on avait à sa gauche la demeure seigneuriale montée sur de vastes magasins, celliers, caves. A l'angle est était le grand salon d'été, la salle de billard, la chapelle et le salon d'hiver donnant sur le parc.

La partie sud-est dont un grand pan de mur est encore debout, formait une vaste galerie servant de salle de fête. A l'angle sud était le puits.

Les deux autres côtés du rectangle étaient formés par des granges, hangars, etc., loués au fermier. Dans la cour était une mare.

Un parc entouré de murs avec sauts de loup d'une contenance de dix hectares séparait le château de la route de Mantes actuelle.

Une avenue s'étendait devant la porte d'Arnouville et se continuait par un chemin dont la plus grande partie existe encore connue sous le nom d'Allée des Princes, franchissait la rubeille de Petlance à la Brècheaux-Princes et faisait communiquer Binanville avec le château de Souville aujourd'hui disparu et dont on voit encore quelques fragments de murs.

Voici d'après un lettre aux Administrateurs de Montfort, datée du 21 octobre 1792, quelles étaient les possessions des seigneurs de Binanville :

1°. — Château de Binanville avec parc de 20 arpents et beau potager.

2°. — Une ferme louée à Nothias Verrier, 2 fortes voitures.

3°. — Attenant au château, près de 200 arpents bois et taillis sur Arnouville et autres territoires.

4°. — Une ferme à Boinville, louée à Gratien Verrier, une voiture.

5°. — 20 arpents de terre loués à Michel Laurens.

6°. — Le moulin du Cormier à Mantes-la-Ville, loué à Thomas Petit.

7°. — Une maison à Heurteloup, louée à Gabriel Gosse, jardinier.

8°. — Deux pressoirs au Breuil.

9°. — Une petite maison à Chavannes, louée à Lenoir, tixier en toile.

10°. — Plusieurs petites rentes sur bois nouvellement plantés.

11°. — La ferme du Buisson sur Hargeville, louée à Nicolas Artus, 3 voitures.

La ferme d'Arnouville qui cependant faisait partie du domaine n'est pas mentionnée.

Comme pour le village d'Arnouville, l'origine et la date de la construction de ce château ne sont pas connues.

Seigneurs de Binanville

Nous n'avons trouvé que peu de documents sur les premiers seigneurs. Nous connaissons trois dynasties ou familles, mais d'une façon fort incomplète.

1° Famille de Binanville.
2° Famille de Morainvilliers de Maule.
3° Famille de D'Abos.

Il y a lieu de supposer qu'avant ces trois familles il y en eut d'autres dont nous n'avons pu trouver de trace si ce n'est dans un document que nous citerons plus loin.

Famille de Binanville

GUILLAUME DE BINANVILLE qui porte une fasce sur son sceau (1255).

En 1237, ce seigneur fait un don à l'abbaye d'Able-court. (arch. de S.-et-O.).

En mars 1240, il est question de GUILLAUME DE BI-NANVILLE, chevalier et HENRI, son fils, (Arch. de S.-et-O.).

En mai 1242, PIERRE DE BINANVILLE, chevalier, cède à son parent PIERRE DE RICHEVILLE, ce qu'il possède à Villiers-le-Mathieu.

Le 30 novembre 1406, — Aveu par PIERRE DE GA-RANCIÈRES à noble demoiselle CATHERINE DE MORAIN-VILLIERS, veuve de PIERRE DE BINANVILLE, tutrice de son fils pour deux maisons à Jumeauville.

Famille de Morainvilliers

Armoiries : « D'Argent à neuf merlettes de sable ».

En 1405, LOUIS DE MORAINVILLIERS, seigneur de Maule maria sa sœur JACQUELINE avec messire JEAN seigneur DE BINANVILLE.

Il ne restait au seigneur de Maule pour héritier le plus proche qu'un neveu du mariage de damoiselle JACQUE-LINE DE MORAINVILLIERS avec le chevalier GUILLAUME VIPART, seigneur DE DRUMARE, de Flacourt et de Binan-ville.

Ce jeune homme adopté par son oncle, consentit dans un acte du 12 janvier 1512 à quitter son nom pour pren-dre le nom et les armes des MORAINVILLIERS. Les DRU-MARE portaient « D'Argent au lion de sable armé et lampassé de gueules ». Il s'appela JEAN DE MORAINVIL-LIERS.

Deux ans plus tard, le 6 mars 1514, il épousa l'une de ses cousines du côté maternel, JACQUELINE DE GA-RANCIÈRES, puis d'accord avec son oncle, il rendit au roi en sa châtellenie de Poissy foi et hommage pour les terres de Maule et ses dépendances.

En 1521, GUILLAUME DE MORAINVILLIERS, bailli de Mantes, seigneur de Flacourt, Binanville, Beyne, Mon-tainville et autres lieux succéda en la baronnerie de Maule au sire JEAN DE MORAINVILLIERS.

Il mourut en 1545, en laissant cinq enfants.

La dame JACQUELINE, sa fille avait épousé en 1544, ROBERT DE HARLAY, conseiller au Parlement et tige de la maison DE SANCY.

La part afférente à dame JACQUELINE se composait du 1/8 de la terre de Maule et des fiefs d'Herbeville, de Montainville, mouvant de Poissy, ainsi que de seigneuries de Binanville, de Bois-Robert et de Brasseuil, mouvant de Mantes.

ROBERT DE HARLAY mourut en 1560.

(E. Réaux, Histoire de la Baronnerie de Maule).

Le 8 juillet 1551, CHARLES DE MORAINVILLIERS, fils de GUILLAUME fait hommage au roi pour Binanville, mouvant de Mantes.

Au mois d'octobre 1556, ROGER FOURNIER, écuyer, comparaît à la rédaction de la coutume de Montfort, comme seigneur de Marc, Petit-Mont, justice de Maule, Goussonville, Arnouville, etc., en la chatellenie de Poissy.

Famille d'Abos

Seigneurs d'Herville et de Binanville.

Armoiries: De sable à un chevron d'or, accompagné de trois roses d'argent, posées deux en chef et une en pointe.

Support: deux lions.

D'ABOS PIERRE, que plusieurs mémoires font cadet de la maison d'Abos, en Béarn, vint suivant des mémoires de famille, habiter le Vexin français vers 1400 et épousa ANNE DE THÉMÉRICOURT, veuve BERNARD DENNEUIL et fille de Philippe THÉMÉRICOURT, seigneur lu lieu.

D'ABOS GILES. — 15..-1612.

D'ABOS GILES, écuyer seigneur d'Herville et de Théméricourt, épousa par contrat du 20 mars 1577, FRANÇOISE DE MORAINVILLIERS, dame de Binanville, fille de haut et puissant seigneur messire CHARLES DE MORAINVILLIERS, baron de Flacourt, seigneur de Binanville, Montainville, etc., et de LOUISE FRENOY. La dite dame FRANÇOISE DE MORAINVILLIERS mourut le 3 juin 1590, et fut inhumée à Arnouville.

D'ABOS GILES se remaria au mois d'avril 1609 avec DENISE DE FONTESETTES, de laquelle il n'eut pas d'enfants. Il mourut le 25 septembre 1612 et fut inhumé à Arnouville.

En 1587, il était guidon de 50 hommes d'armes des ordonnances.

D'ABOS (MAXIMILIEN). — 1581-1651

D'ABOS MAXIMILIE., chevalier, seigneur d'Herville, de Binanville, de Théméricourt, de Brasseuil et de Bois-Robert, né le 8 mars 1581 épousa par contrat du 10 jan-

vier 1607 GENEVIÈVE HENNEQUIN, fille de Louis HENNE-
QUIN, écuyer, seigneur de Soindres et de CLAUDE
PALUAU. Il fit partage avec ses sœurs le 4 juin 1614.
Mourut le 17 avril 1651. Sa femme était morte en 1627,
ils furent tous deux inhumés dans le chœur de l'église
d'Arnouville.

Il avait eu quatre fils:

1° GABRIEL, seigneur de Binanville, y demeurant paroisse d'Arnouville, élection de Mantes.

2° ACHIN, seigneur de l'Artoire, y demeurant, paroisse des Essarts (élection de Mantes?) mort en 1681.

3° DOMINIQUE, seigneur de Théméricourt, demeurant
à Trappes, élection de Montfort.

4° LÉONOR, seigneur de Théméricourt, demeurant en
l'élection de Mantes.

Tous ces frères furent maintenus dans leur noblesse
par arrêt du Conseil d'Etat du Roy, 21 mai 1667.

D'ABOS (GABRIEL). — 1614-1683

D'ABOS GABRIEL, seigneur d'Herville, de Binanville
et d'Arnouville, baptisé dans la paroisse d'Arnouville
le 15 janvier 1615, épousa par contrat du 26 avril 1646,
FRANÇOISE-MARIE DE RUBENTEL, fille de MATHURIN DE RU-
BENTEL seigneur de Soissy et de Maudétour et de GENEVIÈ-
VE DE CATINAT, demeurant en la paroisse d'Arnouville.

Le 10 mars 1681, comme principal héritier de sa mère
GENEVIÈVE HENNEQUIN, D'ABOS GABRIEL rend hom-
mage à Montfort pour le fief de Saint-Liénard (Saint-
Léonard) consistant en 50 sous de cens à Saint-Liénard,
Arnouville, Elleville et Saint-Martin. (*Tabellium de
Montfort*).

Il mourut le 17 septembre 1683, à l'âge de 69 ans, et
fut inhumé dans le chœur de l'église d'Arnouville.

D'ABOS (MAXIMILIEN). — 1651-1700

D'ABOS MAXIMILIEN, chevalier, seigneur de Binanville et d'Arnouville, né le 30 mai 1651, baptisé en la
paroisse d'Arnouville, le 7 juillet 1655, (*son parrain,
haut et puissant seigneur, François-Maximilien de Bé-
thune, marquis de Rosny, marraine: Marguerite de
Pompadour dame de... illisible*). Epousa par contrat
le 22 février 1681, MARIE-ANNE D'ABOS, sa cousine
germaine, fille de D'ABOS ACHIN, seigneur de Théméricourt et de l'Artoire et de VALENTINE DE BRITTO,
née en Portugal. (*Les registres paroissiaux des Essarts-
le-Roi ne contiennent pas cet acte de mariage. A cause*

de la parenté des époux, l'Eglise n'a pas voulu bénir cette union). Il mourut à Paris, le 4 novembre 1700 et son corps fut inhumé le 6 novembre 1700 dans le chœur de l'église d'Arnouville, auprès de sa femme, morte au château de Binanville, le 6 juillet 1694.

D'ABOS (Louis-Maximilien.) — 1689-....

D'Abos Louis-Maximilien, chevalier, seigneur de Binanville et d'Arnouville, né le 6 mai 1689, ondoyé en la chapelle de Binanville, élection de Mantes et baptisé le 11 mai 1693, en l'église Saint-Sulpice à Paris, demeurant au château de Binanville, resta en bas-âge sous la tutelle de M⁰ Louis-Denis, marquis de Rubentel, son grand'oncle, lequel par testament, avril 1704, l'institua son légataire universel. Il épousa en 1726, Louise-Geneviève Bauys de Cormery, fille de M⁰ François Bauys, chevalier, seigneur de Cormery et de Marie-Louise de Charney. Sa femme mourut subitement le 25 novembre 1727, à l'âge de 17 ans, au château de Binanville, le 13ᵉ jour de ses couches, et fut inhumée dans le caveau de l'église d'Arnouville. Il mourut au château de Binanville, le 13 mai 1757, à l'âge de 68 ans 10 jours et fut inhumé dans le caveau proche son épouse. Il était conseiller honoraire au Parlement de Paris.

Le 21 mars 1715, une saisie fut opérée sur Louis-Maximilien D'Abos à la requête de Lhuistre, ancien notaire à Mantes. *(Greffe du bailliage de Montfort)*.

D'ABOS Antoine-Maximilien. — 1727-1766.

D'Abos Antoine-Maximilien, né le 12 novembre 1727, marquis, seigneur de Binanville et autres lieux, conseiller du Roy, épousa vers 1750 Marie-Jeanne Levavasseur de Barnainville-Hérouville, veuve de Gaston de Lossendière, conseiller du Roy en sa cour et parlement, chevalier, seigneur de Laspoix.

Elle avait de son premier mariage un fils, Jacques-René de Lossendière qui mourut au château de Binanville à l'âge de 8 ans.

D'Abos Antoine-Maximilien, mourut à Paris, le 21 septembre 1766 et fut enterré en l'église de Saint-Louis-en-l'Isle, après avoir vendu à réméré Binanville et ses dépendances à Madame de Montmirail.

Madame de MONTMIRAIL

De Montmirail, dame Charlotte-Bénigne de Ragois de Bretonvilliers, veuve de Monsieur Charles-François Letellier, marquis de Montmirail, seigneur «colonnel» des Cent-Suisses de la garde ordinaire du Roy.

En 1776, elle fait don à l'église d'Arnouville d'une riche robe à fond d'argent et à crépine d'or pour la vierge et une pour l'Enfant-Jésus.

D'ABOS ACHIN.

D'Abos Achin, chevalier, marquis, capitaine du régiment de Monsieur, premier chambellan de Monsieur, frère du Roy, seigneur de Binanville et autres lieux, épousa Louise-Elisabeth de Cherade de Montbron. Il avait été baptisé le 7 avril 1763, paroisse de Grossay.

En 1780, la grosse cloche d'Arnouville ayant été refondue, elle fut baptisée et d'Abos Achin en fut le parrain.

Il avait probablement racheté à Madame de Montmirail, le domaine de Binanville.

D'ABOS MAXIMILIEN-ALEXANDRE. — 1781-1808

D'Abos, Maximilien-Alexandre, né en 1781, seigneur de Binanville, était tout jeune à la mort de son père. Il épousa en 1800 ou 1801, Anne-Caroline-Léotine-Françoise de Paul-Lefèvre d'Ormesson. Officier au service de la France, il fut blessé à Pampelune en Navarre, royaume d'Espagne, où il mourut le 17 septembre 1808, à l'âge de 27 ans.

Son fils unique étant mort deux ans auparavant, il avait institué pour sa légataire universelle, Madame Jeanne-Angélique de Lossendière, veuve de Jean-Baptiste-Claude Dufour de Villeneuve, conseiller du Roy à Clermont-Ferrand, où elle mourut en 1843, en état d'interdiction.

Le 3e jour complémentaire de l'an IIIe de la République, sur l'attestation des citoyens Jean Lebigre, Martin Laborde et François Vivier, le Conseil général d'Arnouville, certifie que D'Abos Maximilien Alexandre, âgé de 14 ans, taille 5 pieds.... réside sans interruption à Binanville, depuis le 12 floréal dernier.

Frimaire, an IIIe, sur l'attestation de Jean-Baptiste Lebigre, Jean-Baptiste Brout, et Michel Laurens, l'agent municipal et l'adjoint certifient que la citoyenne Marie-Jeanne Levavasseur, veuve d'Antoine Maximilien D'Abos, demeurant en la commune d'Arnouville depuis le 19 fructidor, an III et ci-devant à Sens, née le 19 octobre 1720, est vivante et qu'elle réside en France depuis le 9 mai 1792; qu'elle n'est point émigrée ni détenue pour cause de suspicion ou de contre révolution, qu'elle a payé son imposition mobilière et sa contribution patriotique.

Le domaine de Binanville ne fut donc pas vendu comme bien d'émigré.

D'ABOS Ange-François de PAUL Achin

Né en juin 1805, mourut âgé de 16 mois, le vendredi 6 octobre 1806, à Paris, en l'hôtel d'Ormesson, rue Saint-Antoine, n° 212, fut inhumé dans le caveau de l'église d'Arnouville, auprès de ses aïeux, le lundi 13 octobre 1806.

Les seigneurs D'Abos sont d'une très ancienne famille noble du Béarn. Il y a eu plusieurs chevaliers de Malte et de Commanderies.

En 1667, un Mr D'Abos, de Thémericourt, mourut d'une blessure qu'il avait reçue dans un combat naval contre les Turcs.

En 1672, Gabriel D'Abos de Théméricourt, chevalier de Malte, fut fait prisonnier et conduit à Mahomet III, qui, après bien des instances pour l'engager à changer de religion, et voyant sa persévérance au christianisme, lui fit trancher la tête.

Monsieur D'Abos a parmi ses titres de famille plusieurs lettres des rois Charles IX, Henri III et Louis XIV, une de Charles IX, datée du 9 avril 1569, qualifie Monsieur D'Abos d'Herville de gentilhomme ordinaire de sa chambre et lui envoya le collier de son ordre.

En 1663, Achin D'Abos était enseigne de 50 hommes d'armes des ordonnances.

En 1676 et 1698, deux messieurs D'Abos étaient dans le régiment des Gardes-françaises.

Le 8 mai 1689, Louis XIV délivra un brevet d'aide de camp à Monsieur de Binanville. (Gabriel D'Abos) pour les armées de Flandre et le qualifie de seigneur, marquis de Binanville. Le 26 août de la même année il est tué au siège de Valcourt en Flandre. Son corps fut inhumé en l'abbaye de Valcourt, où les ennemis s'étaient retranchés; il était âgé de 34 ans.

L'arrêt du 25 mai 1667 dans lequel le Roy en son Conseil a maintenu en la qualité de nobles les frères D'Aвos: Gabriel, Achin, Dominique et Léonor de Binanville, prouve d'une manière certaine six degrés de noblesse. Cet arrêt a été confirmé par un autre rendu en 1704.

A la mort de D'Aвos Alexandre Maximilien en 1808, le domaine de Binanville revint à Madame veuve Achin D'Aвos, sa mère comme héritière pour un quart de son fils et le reste lui a été attribué par jugement du Tribunal civil de Mantes, le 2 février 1810.

Cette dernière vendit pour 230.000 francs le domaine de Binanville à sa belle-sœur Madame Marie Angélique de Lossendière, veuve de Jean-Baptiste Claude Dufour de Villeneuve, conseiller du roi.

A la mort de cette dernière survenue, le 5 février 1843, à Clermont-Ferrand où elle était en état d'interdiction, Binanville revint à Messieurs le comte et le marquis de Tillière qui l'avaient accepté sous bénéfice d'inventaire.

La famille Taupinard de Tillière vendit Binanville et toutes les dépendances à l'adjudication en 1844.

Les acquéreurs des terres sont de petits cultivateurs des environs. Les bâtiments de la ferme ont été rasés. Le château a été démoli par les acquéreurs et les matériaux vendus; il ne reste plus aujourd'hui que les ruines informes décrites plus haut.

En 1825, Madame Dufour de Villeneuve, légua la chapelle de Saint-Léonard au hameau de ce nom, avec le clos planté d'arbres fruitiers à la commune d'Arnouville à la charge pour celle-ci d'en payer les impôts et d'y faire les réparations nécessaires et le produit des arbres et du pré au profit du curé d'Arnouville.

———

Extrait d'une vieille chronique mantaise anonyme se trouvant à la Bibliothèque nationale (fonds de Thou, lettre K, folio 115, côté manuscrits français).

«En icelui temps arriva grief mechief au seigneur de Binanville, qui pour lors ostoirait contre les Anglais avec Messires Lahire Xaintraille et la Sainte-Pucelle».

«Celui dit seigneur était retourné es foyers moult joyeux de revoir sa preude femme dont il vivait loin es camps et batailles, apprint qu'à **XXXV**[e] jours et plus de là, la dicte dame étant allée en son chatel de Bois-Robert, montée sur sa cavale qui courait l'aubin, n'était pas revenue».

«Le dit seigneur fut moult dolent et plora fort sa dame qui était sage, bien affetée et congrue en toutes jolitetez, laquelle onc ne revit».

«Lors on pensa que la dite dame avait été occis et robée par des mauvais garçons, malandrins et truands qui couvraient le plat pays».

«Plus jamais le dit seigneur ne print femme».

Ce seigneur de Binanville était Guiscard III comte d'Arnouville, seigneur de Binanville, baron de Bois-Robert, vicomte de Souville, dont le cri était: «*A la barque! à la barque!*» en souvenir d'un combat naval où ses ancêtres s'étaient couverts de gloire.

(Le Petit Mantais du 3 novembre 1897, au sujet d'un squelette découvert dans un jardin à Bois-Robert.)

TABLE DES MATIÈRES

___

MANTES

Imprimerie et Librairie BEAUMONT Frères

25 et 48, Rue Nationale, 25 et 48

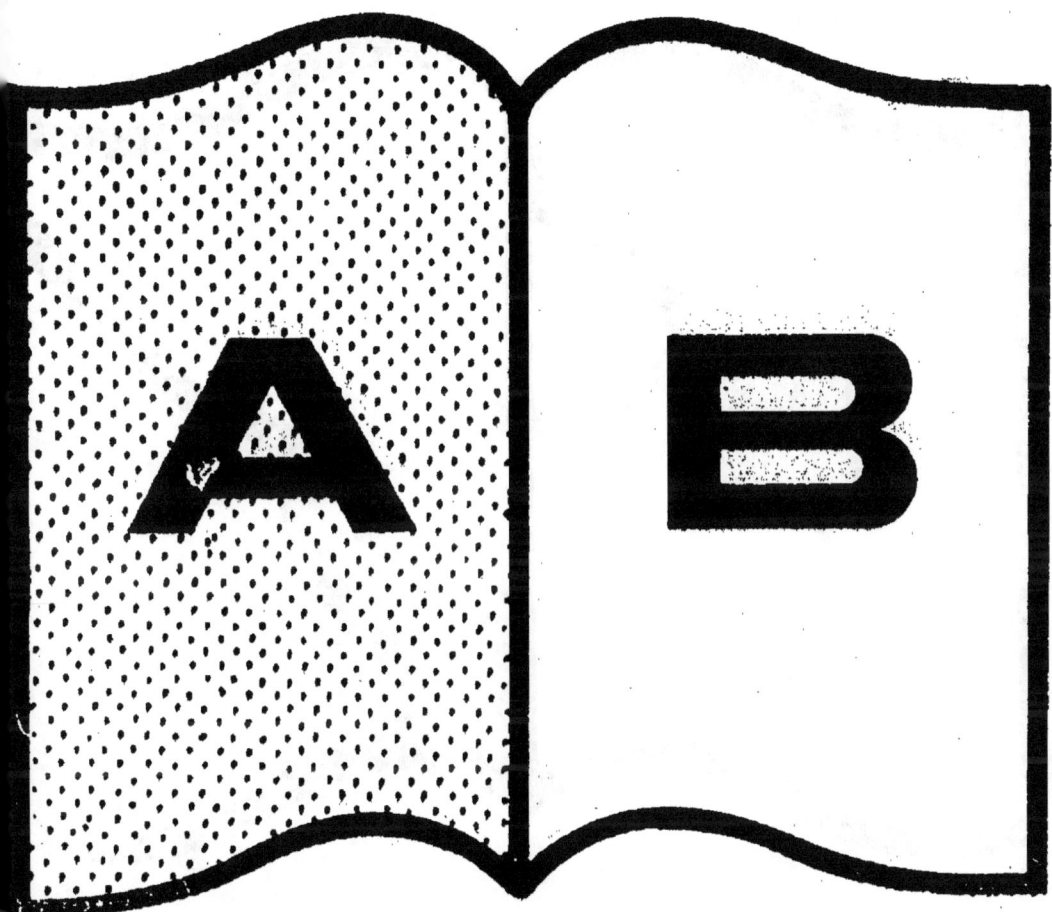

Contraste insuffisant

NF Z 43-120-14

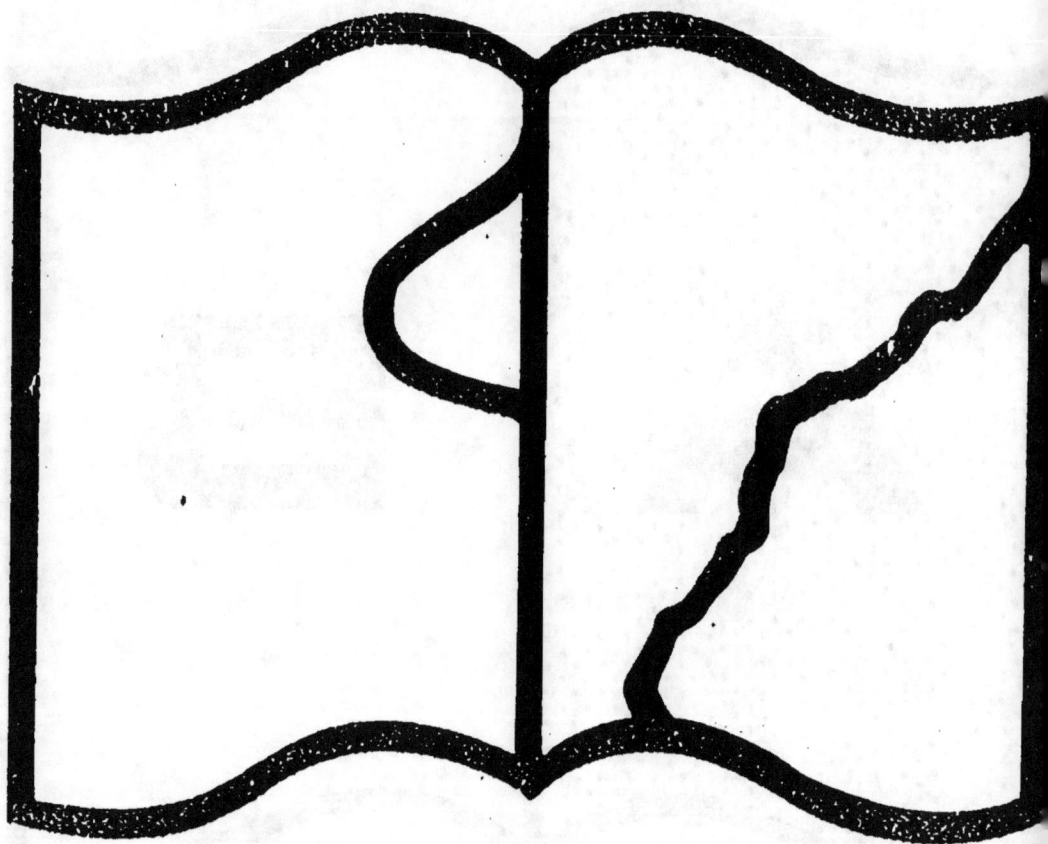

Texte détérioré — reliure défectueuse

NF Z 43-120-11

www.ingramcontent.com/pod-product-compliance
Lightning Source LLC
LaVergne TN
LVHW050303090426
835511LV00039B/1139